AF371994

CONOCE EL PODER
de tu CAMPO CUÁNTICO

BRENDA ANDERSON

CONOCE EL PODER

de tu

CAMPO CUÁNTICO

Aprende a utilizar a tu favor
la energía del universo

Traducción de Núria Martí Pérez

Urano
Argentina – Chile – Colombia – España
Estados Unidos – México – Perú – Uruguay

Título original: *Playing the Quantum Field*
Editor original: Hay House, Inc., California, USA.
Traducción: Núria Martí Pérez

1.ª edición: julio 2025

ISBN: 978-84-18714-99-3
E-ISBN: 979-13-87557-57-7
Depósito legal: M-11.428-2025

Fotocomposición: Urano World Spain, S.A.U.
Impreso por: Rotativas de Estella – Polígono Industrial San Miguel
Parcelas E7-E8 – 31132 Villatuerta (Navarra)

Impreso en España – *Printed in Spain*

A Jean, mi madre

Índice

PRIMERA PARTE

Las diez elecciones energéticas que configuran tu vida

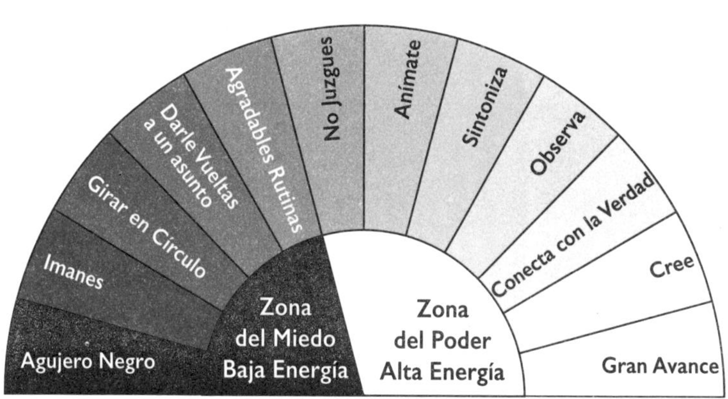

1

El campo cuántico

¿Has experimentado alguna vez un gran avance de manera repentina? ¿Conoces la sensación de hacerse realidad lo que habías imaginado y desear pellizcarte porque no puedes creer que pueda ser verdad? ¿O de tener uno de esos momentos de claridad y el mayor de tus problemas se esfuma de pronto al abordarlo de otro modo? ¿O de encontrar la solución perfecta en el momento más inesperado? En esas ocasiones es cuando estás bajo el influjo del campo cuántico.

Cuando iba a la universidad, viví una maravillosa experiencia al vivir en el campo cuántico. En los dos últimos años de mi carrera tuve la suerte de ir a estudiar a Inglaterra y Alemania. En aquella época, mi principal medio de transporte fuera de las ciudades era hacer dedo, al igual que tantos otros jóvenes. Durante una de las vacaciones semestrales, mi amiga Mary y yo decidimos visitar el Lake District, al norte de Londres. Hicimos autoestop en la M-5, una de las principales autopistas, y al final del día acabamos en la pequeña carretera rural a la que queríamos dirigirnos.

Caminamos bajo la lluvia y la niebla durante horas, pero los pocos coches que pasaban por aquella carretera no se detuvieron. Empezaba a hacerse de noche. Estaba todo tan oscuro que no podíamos ver más allá de seis metros de distancia, y empezamos a asustarnos. Los graves ataques de asma que yo había sufrido de niña me habían enseñado que si me concentraba en mi miedo, solo iba a sentirme más desesperada aún. Se lo comenté a Mary y decidimos olvidarnos del miedo. Las dos lanzamos un suspiro. Mientras seguíamos andando, nos pusimos a charlar sobre lo bien que nos lo estábamos pasando recorriendo Europa, y enseguida nos sentimos mejor. En nuestro fuero interno nos dijimos que al final pararía alguien y que todo iría bien.

Al cabo de diez minutos, cuando la niebla se había vuelto más espesa aún, vimos de pronto los faros de un coche. Timothy, un inglés ya mayor de unos cincuenta años (¡bueno, en aquella época por supuesto que nos pareció una persona mayor!), detuvo su autocaravana y, bajando la ventanilla, nos preguntó amablemente: «¿Os habéis perdido, jovencitas?». Admitimos que así era. Él nos respondió que estaba de vacaciones y que, aunque no solía pasar por aquella carretera, sin saber por qué había decidido ir por ella, y que ahora se alegraba de haberlo hecho. Después nos llevó a un *camping* y preparó la cena mientras nosotras nos secábamos y calentábamos junto a una hoguera. Aquella noche nos dejó dormir en su caravana y él se acostó en la cabina del conductor.

En lugar de dejar que el miedo dominara nuestros pensamientos y acciones, y de caer en el pánico y la torpeza, Mary y yo elegimos conectar con el poder del campo cuántico al exponer con una gran claridad lo que queríamos. La aparición de Timothy en medio de aquella fría y lluviosa noche tal vez parezca un golpe de suerte o una casualidad, pero ¿qué es exactamente lo que esto quiere decir? Incluso Timothy había comentado que no sabía por qué había tomado aquella carretera. Cuando tu intención es clara, el Campo empieza rápidamente a organizar la realización de tus deseos. Algunos lo denominan sincronicidad. Pero yo lo llamo vivir en el campo cuántico.

¿Por qué no podemos crear estos resultados mágicos todo el tiempo? Ahora más que nunca necesitamos poder hacer grandes progresos. El mundo está cambiando y nos hace falta recibir nuevas instrucciones para actuar en él. La vida actual cada vez es más acelerada, y nos encontramos en una nueva frontera al comprender que nuestro mundo es más cambiante, más peligroso y menos íntegro que antes, hasta unos extremos que nunca hubiéramos imaginado. Estamos sobreestimulados y vamos a tope. Algo bueno tiene que darnos a cambio.

Y así es. De un modo que quizá no hayas imaginado.

La ciencia está a punto de demostrar que todo cuanto existe es dinámico y está interconectado. Cada vez son más las personas que están considerando como una posibilidad lo que no hace demasiado tiempo se consideraba el pensamiento alternativo New Age de unos físicos renegados. Esta nueva cosmovisión se refleja en los descubrimientos científicos fundamentales que Einstein inició hace un siglo, y en la actualidad se aceptan de forma tan amplia que en el 2005 fue celebrado por el Año Mundial de la Física. El campo cuántico se está volviendo cada vez más conocido y personal para un mayor número de personas. Solo hemos de ver cómo esta nueva conciencia del Campo se expresa en nuestra cultura: las populares clases de crecimiento interior y las prácticas espirituales ayudan a la gente a «estabilizarse» y a «centrarse». Las audiencias televisivas están fascinadas con el montón de programas que hay de niños y adultos dotados de poderes especiales. Los anuncios de los móviles nos prometen «mantenernos conectados», y el mismo Internet es una metáfora de la red interconectada que cada vez más personas estamos experimentando.

Incluso la práctica de la abogacía refleja esta conexión. En Sudáfrica, Nelson Mandela apoya la Ley de Promoción de la Unidad Nacional y Reconciliación, de 1995. Este «proceso de la verdad y la reconciliación» se basa en *ubuntu*, una palabra zulú o xosa que significa «tener humanidad hacia los demás». Si sigues haciendo daño a las personas que te lo han hecho a ti, la situación nunca se resolverá. Todos estamos conectados. En la medicina cada vez son más las prácticas holísticas que reconocen que el cuerpo no está separado de la mente y del espíritu. Que actúan juntos. Las fuerzas económicas más importantes a escala global están comprendiendo que no pueden ignorar las dificultades económicas de otras naciones por los efectos que podría tener en el mercado bursátil, ya que todas ellas están interconectadas. Además, las religiones del mundo que tradicionalmente se habían cerrado a otros puntos de vista se están ahora tendiendo la mano para explorar una realidad que las conecta entre sí y que todas deben respetar y honrar. En la actualidad aumentan las iglesias sin denominación.

Estos provocativos atisbos en distintas áreas de la vida son metáforas imperfectas de lo que la mayor parte del mundo está empezando a reconocer: que existe una realidad mucho mayor de lo que jamás habíamos imaginado. Estamos a punto de experimentar un enorme cambio en nuestro modo de ver el mundo que transformará por completo nuestra forma de vivir.

Para explicarlo en términos sencillos, todos y todo cuanto existe en el mundo actúa en un único campo energético, y cada uno de nosotros tiene mucho más poder para crear nuestra vida del que nunca habíamos imaginado.

Según el diccionario, un campo es una «región o espacio donde existe un determinado efecto». Probablemente has oído hablar de los campos magnéticos, como los que se forman alrededor del microondas. O quizás has percibido los campos de lugares sagrados como las pirámides, Stonehenge y Tierra Santa. Las personas también tenemos unos campos personales. ¿Has notado alguna vez cómo algunas personas te producen una sensación cálida y atrayente, y otras, en cambio, parecen emanar una especie de energía que dice: «¡No te me acerques!»? Aunque solo hayas experimentado el Campo durante breves instantes y en distintas áreas de tu vida, la gran revelación para la mayoría de nosotros es que esos atisbos están conectados a este único campo y forman parte de él. Imagínatelo como una inmensa red en la que todo forma parte de ella. No hay nada que esté «fuera de la red», aunque uno así lo crea o desee.

Según la antigua forma de pensar, el taxi que tomas para ir al aeropuerto es un campo. Y el avión al que te subes para ir a tu destino es otro. Esta manera de pensar nos limita. En cambio, según la nueva mentalidad, el taxi, el avión, el cielo y el universo son un solo Campo. El poder del Campo es que puedes conectar con todo cuanto hay en él. Y cuanto mejor equipado estés para aceptar esta nueva cosmovisión, más podrás llevar este nuevo estilo de vida.

De lo que realmente estoy hablando con relación al campo cuántico es de posibilidades. Piensa en el campo cuántico como el conjunto de todas las posibilidades y potencial que encierra, al que puedes acceder a voluntad si sabes cómo hacerlo. Cualquiera que estudie la física cuántica sabe que tus pensamientos te conectan con este campo de posibilidades. Parafraseando al célebre físico Fred Alan Wolf, «la realidad depende de qué es lo que elegimos observar y de cómo decidimos observarlo. Estas opciones a su vez dependen de nuestra mente o, para ser más exactos, del contenido de nuestros pensamientos»[1]. Para cumplir con el propósito de este libro voy a centrarme en las opciones que tienes para que descubras físicamente por ti mismo el campo cuántico lleno de posibilidades. Explicaré este concepto en un lenguaje sencillo y mediante unos ejemplos cotidianos de los que puedas aprender y practicar, de modo que al terminar el libro hayas experimentado directamente el poder del campo cuántico.

La era de la responsabilidad

En la actualidad se hace mucho hincapié en la responsabilidad personal. Los cambios religiosos, políticos, empresariales y culturales nos están pidiendo que nos hagamos responsables de las decisiones que tomamos y de los resultados que creamos. Ahora ya no se lleva trabajar toda la vida en la misma empresa, nos hemos hecho responsables de nuestra trayectoria profesional. Con los cambios producidos en la asistencia médica y los seguros médicos, ahora nos hemos hecho responsables de nuestra salud. Y los que no podemos contar con los beneficios de la Seguridad Social, nos ocupamos de nuestra propia jubilación.

Ha llegado la hora de expandir este sentido de la responsabilidad a cada instante y a cada decisión que tomamos. Al vivir en el Campo, es posible que nos volvamos más responsables de nuestras propias decisiones. Aunque ninguno de nosotros quiere ser esclavo de ningún sistema o persona, seguimos esclavizados a algunos de nuestros pensamientos y acciones. Pero ya no queremos sentirnos como si no pudiéramos hacer nada para cambiar nuestra vida. Y si aprendes a vivir en el campo cuántico, tendrás la suficiente fuerza como para cambiarla.

Vivir en el campo cuántico consiste en vivir y usar tu energía de una forma responsable. Cuando decides no conectar con él, te sientes una víctima con más facilidad y te olvidas de que tus decisiones son poderosas. En el pasado, al conectar con el campo cuántico tal vez hicimos auténticos milagros, persuadiendo a las masas para que cambiaran de opinión, o logrando que un adolescente volviera al redil. En otras ocasiones elegimos manipular a los demás o controlarlos, una decisión que quizá tenía sentido en aquellas circunstancias. Ahora, sin embargo, podemos acceder a nuestro verdadero poder y conservarlo la mayor parte del tiempo… si aprendemos a hacerlo.

El Campo brinda las mismas oportunidades a todo el mundo. No importa si eres un ama de casa, un ejecutivo de altos vuelos, un camarero que sirve a los clientes tras una barra o una azafata que se ocupa de los pasajeros cada día. De ti depende hacer las elecciones que optimizarán tu vida. En el Campo todo es posible. Y además te permite satisfacer tanto las necesidades de tu familia como las tuyas. Solo has de abordar la vida de otra forma. Ahora es el momento idóneo para adoptar una nueva manera de vivir que te permitirá manifestar todo tu poder y hacerte responsable de tus actos al máximo.

Todas las personas y todo cuanto hay en el mundo están actuando en un único campo energético, y cada uno de nosotros tiene mucho más poder del que nunca habíamos imaginado para crear nuestra vida.

¿Por qué cambiar?

Lynne McTaggart, una premiada periodista de investigación, dice que muchos científicos punteros siguen coincidiendo con Einstein respecto a su teoría del campo unificado, la existencia de un solo campo que lo contiene todo (interacciones gravitatorias y electromagnéticas). La mente y el cuerpo humano no son distintos de su entorno ni están separados de él, sino que son unos haces de palpitante energía que están constantemente interactuando con ese inmenso campo energético. «Pero lo más significativo de todo es que estas partículas subatómicas no tienen sentido aisladas unas de otras, sino tan solo en relación con todo lo demás», dice McTaggart[2].

Es decir, todos estamos conectados. Los mismos átomos que forman parte de todo cuanto existe son interdependientes, están siempre interactuando unos con otros. Los acontecimientos del 11-S y los desastres naturales ocurridos en el mundo en los últimos años han hecho que esta conexión sea tangible. Las diferencias que existen en el mundo desaparecieron cuando casi todos los habitantes del planeta se sintieron vinculados al impacto y al dolor que sufrieron las víctimas.

Aunque en el Campo esta conexión siempre esté presente, solo nos acordamos de lo interdependientes que somos cuando sufrimos un gran estrés, una pérdida o un catastrófico desastre. En el Campo estamos conectados energéticamente: con los demás, con los resultados de nuestras decisiones y con nuestro futuro. La próxima decisión que tomes afectará directamente a lo que te ocurrirá a continuación. Aunque la física no te interese, probablemente sí te interese lo siguiente: tú tienes mucho más poder del que habías imaginado, porque formas parte de lo que está ocurriendo, no eres un simple espectador. En vez de esforzarte más para alcanzar tus objetivos, puedes elegir conectar con este campo energético y crear lo que tú quieres.

Eso es a lo que la gente se refiere al decir que está «en la zona», ese estado en el que sientes una gran sincronicidad y que todo te sale como querías. Las puertas se abren. Los obstáculos se desvanecen. Las oportunidades de oro se materializan. Pero en los días en que todo te sale mal, no das pie con bola y caes en lo que parece ser un Agujero Negro, también sigues actuando en el Campo. Lo que ocurre es que las elecciones que estás haciendo amplifican esta realidad.

Así que quizá me preguntes: ¿por qué no podemos actuar «en la zona» a voluntad? Sí que podemos. Y te mostraré cómo hacerlo. Pero has de recordar que el Campo siempre está presente, tanto si eres consciente de él como si no. Por cierto, esto me ha traído a la memoria el año que viajé a Australia el 7 de septiembre y llegué el 9 a mi destino. Mi cumpleaños es el 8 de septiembre. O sea que técnicamente me lo perdí. ¿Cumplí un año más? ¡Claro que sí! Y suponer lo contrario sería ridículo, porque el tiempo pasó. Con el Campo ocurre lo mismo. Siempre está presente, lo sepas o no. Pero si eliges ser consciente y vivir en él, puedes cambiar tu vida en este mismo instante.

La tecnología del siglo xx se centró en las formas de energía mundanas, aunque los científicos de ese siglo (como Einstein y otros) intentaran comprender el Campo. En el área de la comunicación, por ejemplo, hemos evolucionado desde los teléfonos de disco rotatorio a los satélites y al Internet inalámbrico. Y estos avances no son nada comparados con el poder del Campo. En el siglo xxi estamos intentando descubrir una tecnología del Campo que sea utilizable, y las películas como

¿Y tú qué sabes?, de 2004, están empezando a llevar estas ideas al gran público. Galileo sabía que el Sol, y no la Tierra, era el centro de nuestro sistema solar antes de que el resto del mundo aceptara esta verdad. Colón sabía que el mundo era redondo. Tanto los egipcios como los griegos ya habían demostrado estas dos realidades más de un milenio antes, pero la mayoría de la gente de la época de Galileo y Colón no aceptaban estas verdades fundamentales de la naturaleza.

El Campo es otra verdad fundamental de la naturaleza, aunque aún no sea visible ni medible. Sin duda has experimentado esta conexión con el Campo que trasciende el tiempo y el espacio. Como cuando piensas en alguien que está en otra región y al cabo de varios minutos te llama, o cuando sabes que tu hijo tiene algún problema antes de que él te lo diga. Las casas y los negocios también irradian su propia energía. Puedes sentirla en el momento que cruzas la puerta. Y también puedes sentir la energía de la música. Como ha demostrado el estudio sobre el efecto Mozart, el cerebro funciona de distinta manera según la música que escuchemos. En Japón, el doctor Masaru Emoto demostró que los cristales del agua cambian cuando los investigadores cambian sus pensamientos o exponen el agua a distintas clases de música o de fotografías[3]. Las implicaciones de esta interconexión son asombrosas, y no necesitamos entender todos los estudios científicos realizados para experimentar y recibir sus beneficios. Se parece mucho a Internet. Yo puedo enviar un e-mail desde los Emiratos Árabes con mi ordenador portátil y un amigo mío recibirlo en Chicago al cabo de pocos minutos. Para disfrutar de las ventajas de esta nueva herramienta no es necesario saber exactamente cómo funciona.

En cierto modo, las mujeres estamos especialmente preparadas para dar este salto. Nosotras siempre hemos sido dinámicas, al igual que el campo cuántico, nuestros estados de ánimo y química fluctúan con los ciclos lunares, e incluso somos sensibles a los más ligeros cambios en nuestro entorno. Muchas mujeres están en sintonía con lo que está sucediendo ahora mismo. Su estado natural es el de estar conectadas con todo cuanto las rodea, y suelen crear los resultados deseados sin necesidad de usar la fuerza. El campo cuántico confirma lo que las mujeres de alguna forma siempre hemos sabido: que las habilidades yin, «femeninas», más suaves, tienen el mismo poder que la arremetedora fuerza yang masculina, o que incluso la superan. Las mujeres sentimos la energía del Campo y sus conexiones. Nuestra forma de responder a los distintos entornos, o a otra persona, es una experiencia energética. En realidad, la mayoría de mujeres hemos experimentado el Campo en forma de intuición, pero algunas ignoran que pueden acceder siempre a él.

En el Campo es donde se crea todo, incluyendo todas las posibilidades que ahora se extienden ante ti. Al mencionar la «energía» del Campo no me estoy refiriendo a si por la mañana te sientes cansado o fresco como una rosa, a si tienes energía para afrontar el día, o a si te ves con ánimos de subir por las escaleras en lugar de tomar el ascensor cuando llegas a tu lugar de trabajo. Cuando hablo de energía me estoy refiriendo a esta conexión invisible que existe. ¿Has visto alguna vez en Internet las imágenes de un satélite enfocando con el *zoom* la Tierra y después el continente, la región, la ciudad, el barrio y la casa donde vives? Pues conectar con la inmensa energía del Campo es lo mismo pero a la inversa: en lugar de fijarte en tu pequeña realidad, expandes la mente para incluir una enorme cantidad de realidades y posibilidades, la mayor parte de las cuales te permiten vivir una vida más espaciosa y gratificante.

Aunque todos hayamos tenido esta clase de experiencias, la mayoría de nosotros no sabe vivir de este modo en la vida cotidiana. El potencial del Campo constituye el elefante en cuya habitación nadie habla en un lenguaje coloquial. La energía está presente en cada transacción e interacción que llevas a cabo. Se encuentra en el correo electrónico que acabas de escribir. En el artículo que acabas de leer. Y también en la colada que aún no has planchado y en la chequera que no has tenido tiempo de actualizar. Se encuentra en la sensación que te producen los platos sucios en la pila. En la intención con la que afrontas una reunión de trabajo o las vacaciones familiares. En la presentación que acabas de hacer. Y en el pensamiento que acabas de tener sobre un ser querido. Se encuentra en todo cuanto dices o haces.

Cuando recibes mucha más energía de la que has puesto

Si puedes olvidarte de la antigua idea de que todos estamos avanzando con dificultad en la vida solos y conectas con la poderosa energía que te rodea, podrás superar las situaciones que normalmente te deprimen. Todos podemos acceder al Campo. De ti depende cómo decidas conectar con él. Aunque te sientas agotado y creas que no tienes elección, siempre tienes alguna.

En la actualidad, tanto las empresas como las personas quieren aumentar sus recursos y sacar la mayor rentabilidad posible del dinero, de los negocios, de los clientes y de la vida. En las reuniones de negocios suele oírse hablar de la «rentabilidad sobre fondos invertidos» o «ROI, *return on investment*». Las empresas tienen unos recursos limitados y en ellas se planea, investiga y busca las mejores estrategias para rentabilizar los recursos invertidos. El mismo principio puede aplicarse también a la energía. Si estás invirtiendo una cantidad importante de energía en una situación, asegúrate de que sea proporcional a lo que te aporta. Es decir, asegúrate de recibir una alta ROE, o rentabilidad sobre la energía. Tanto en los negocios como en la vida a veces te da la impresión de no poder elegir cómo y dónde inviertes tu energía, pero sí puedes hacerlo. Cada día tomas algunas decisiones cruciales. Si conduces tan deprisa que las ruedas giran en falso y no llegas a ninguna parte, debes entender que son tus elecciones de alta o baja energía las que están creando esta situación. Cuanto más familiarizado estés con la variedad de elecciones de una alta y baja ROE, más fácilmente verás cuándo estás llevando una vida responsable y poderosa. Por ejemplo, si sabes que discutir con tu pareja siempre te aporta una baja ROE, pregúntate por qué inviertes tu energía de ese modo y para, incluso en medio de una frase.

Tú eres el único que puede controlar cómo respondes a las situaciones de la vida y decidir hacer siempre elecciones de una ROE alta. Las elecciones de una ROE baja reducen tus recursos y originalidad y crean más dramas en tu vida. En cambio, las de una ROE alta te permiten ser más eficaz. La energía no desaparece. Solo cambia de forma. Tú eres el que elige la forma, basada en el poder (una ROE alta) o en el miedo (una ROE baja). Lo que ocurre es que, al estar estresado, actúas sin recordar que puedes conectar con algo mucho más inmenso que la siguiente acción que hagas.

La antigua forma de actuar: a través de la fuerza

Si eres como la mayoría de la gente, significa que intentas controlar y manejar las cosas usando tu energía para forzar y manipular a las personas y las situaciones. En lugar de hacerlo, si eliges estar atento y vivir en el Campo, puedes lograr que tu vida cambie en el acto. Al principio esta nueva forma de actuar quizá te confunda y desoriente, porque el Campo funciona de un modo opuesto al de la causa y el efecto. En lugar de hacer algo para conseguir un resultado, expones con claridad tu intención, y entonces el resultado «te encuentra» a ti. Tu reto consiste en «dejar» que te encuentre. La intención es la clave para acceder al poder del Campo. En lugar de intentar conseguir un resultado a base de esfuerzo o a través de la fuerza, concéntrate en lo que quieres. Pero no te concentres en *cómo* lo quieres, sino en *qué* quieres. La mayoría de nosotros nos pasamos la vida intentando alcanzar algo, pero con esta actitud le estás diciendo al Campo que ha de trabajar para que ocurra. En cambio, cuando sabes que puedes hacerlo partiendo del poder, no necesitas esforzarte tanto por alcanzarlo. Por ejemplo, si vas a una fiesta y quieres contactar con una determinada persona, puedes intentar forzar la situación planeando cada pequeño detalle: desde lo que te vas a poner hasta lo que le dirás y harás, o bien establecer la intención de conectar con ella a un nivel profundo e ir luego a la fiesta. Piensa en el tiempo y la energía que te ahorrarás al no intentar controlar ni planear lo que va a ocurrir.

Considera el Campo como si fuera la versión cósmica del QVC, el popular canal de las compras desde casa. Ambos tienen todo cuanto puedes desear, «funcionan» las veinticuatro horas del día y están esperando a que les hagas un pedido para servírtelo. La única diferencia es que con el QVC ves en la tele lo que quieres, y en cambio con el QVC cósmico te lo imaginas y no has de decidir si haces el pedido por Internet o por teléfono, ni indicar la talla y el código del modelo que necesitas o la tarjeta de crédito que vas a usar. Solo has de saber con claridad qué es lo que deseas crear en tu vida.

Mi amiga Jessica sabe cómo «hacer un pedido». Quería casarse y tener un hijo. Sus intenciones eran muy concretas. No se preocupaba por *cómo* lo lograría. Los años fueron pasando y las manecillas de su reloj biológico iban rodando, y como aún no había encontrado al hombre de su vida, decidió adoptar un niño. La mayoría de la gente espera casarse y tener hijos. Pero Jessica no se quedó atrapada en esta idea preocupándose por la secuencia. Probablemente has adivinado el resto de la historia. Varios meses más tarde conoció a su esposo, un padre sin pareja, en un evento escolar al que no habría asistido si no hubiera tenido un hijo. Los que dominan esta forma de ser, los que pueden conectar con el Campo y fluir con él la mayor parte del tiempo, son las personas de las cuales decimos que tienen suerte. Lo que pasa es que la mayoría de nosotros no creemos que también podamos tener «suerte».

David R. Hawkins, psiquiatra y director del Instituto para la Investigación Teórica Avanzada, da algunas pautas para actuar en este nuevo mundo. Descubrió un sistema para medir los niveles de energía que comportan las distintas elecciones, y para calibrar cómo el hecho de actuar en esos distintos niveles influye en nuestra forma de vivir como individuos, familias, grupos y países. La extensa investigación de Hawkins ha relacionado distintos niveles energéticos con estados emocionales, actitudes, percepciones, procesos mentales, visiones del mundo y creencias espirituales para crear un Mapa de la Conciencia que delinea y cuantifica los distintos niveles de crecimiento personal. Su idea fundamental es que «aunque la fuerza nos produzca satisfacción, solo el poder nos da felicidad. La victoria sobre otros quizá nos produzca satisfacción, pero la victoria sobre nosotros mismos es lo que más felices nos hace»[4].

Según Hawkins, aquello en lo que nos concentramos crea un campo predominante. En su libro cuenta cómo descubrió unos patrones energéticos ocultos que llamó atractores: «Los patrones energéticos atractores poseen armónicos, como las notas musicales. Cuanto más alta sea la frecuencia de los armónicos, más alto será su poder»[5]. Considera tu «frecuencia» como el nivel desde el que actúas y la señal que envías. Es un radiorreceptor, un buscador, tu «sonar» personal que transmite una señal y atrae las personas y las experiencias con una frecuencia similar. Cuanto más alta sea la frecuencia, más fácilmente accederás a las elecciones, personas y situaciones de alta energía. Y cuanto más baja sea la frecuencia, más fácilmente accederás a las elecciones, personas y situaciones de baja energía. Hawkins destaca el poder que la intención tiene en el Campo: «El sincero deseo de cambiar nos permite buscar unos patrones de más alta energía atractora en sus diversas expresiones»[6]. Para mí esto significa que cada mañana al levantarnos, tanto si lo sabemos como si no, conectamos con un patrón energético que crea el día que nos espera. En este libro explicaré el poder de actuar en unas frecuencias altas o bajas y qué es lo que cada una de ellas crea en nuestra vida.

La mayoría de nosotros usamos nuestra energía para controlar y manipular a los demás y las situaciones, en lugar de utilizarla para conectar con el Campo. La hemos usado para obtener algo a través de la fuerza y no del poder. Pero si alguien no quiere hacer algo, tú no lograrás que lo haga, por más que lo intentes. Y en el mundo de los negocios especialmente nos dejamos seducir por la fuerza. El siguiente ejemplo ilustra lo fácil que es caer en este estado mental.

Durante los quince años que estuve en una empresa, Patrick, una de las personas con las que trabajaba, se ocupaba de la región más lucrativa de Estados Unidos. Era uno de los mejores vendedores que he conocido en toda mi vida, y también uno de los peores administradores. Un mes sí y otro no yo tomaba el avión para ir a verle a Texas, y en cada visita le recordaba que había de entregarme los informes semanales de rigor. Pero siempre que lo perseguía para que me los entregara a tiempo, ninguno de los dos conseguíamos lo que queríamos.

Cuando decidí dirigir mi energía hacia otra dirección, comprendí que lo que yo realmente quería es que incluso hiciera más ventas. ¿Cómo no se me había ocurrido antes? Ante mí tenía al mejor vendedor del mundo, ¡y todo cuanto había hecho era darle la lata con el papeleo! Decidí dejar de usar la fuerza y concentrar mi energía en el poder. Al final acordamos que me entregaría los informes cada dos meses, y que los prepararía uno de mis empleados que trabajaba en la oficina de Chicago. ¡Piensa en toda la energía que desperdicié viajando a Texas para darle la lata con los informes cuando podía haberle preguntado cómo podía yo ayudarle para aumentar sus ventas!

Cuando envías una intención al Campo, haces un pedido al QVC cósmico. En cambio, al elegir usar la fuerza, estableces un tono que suele actuar en tu contra. Por ejemplo, si cuando estás cenando con tu familia hablas sobre todo de las vacaciones que quieres a toda costa hacer, la agradable comida puede convertirse en una batalla familiar en la que tus hijos te acaben soltando: «¡De todos modos no queríamos ir!». Si creas un «campo de fuerza» en el trabajo, la gente se concentra más en quién ha cometido el error que en intentar arreglarlo o aprender de él. Al intentar manipular la situación, esta actitud se manifiesta en unas intenciones poco claras. O como una mala comunicación con la familia y los amigos. Cada persona ve a la otra como un obstáculo, o peor aún, como un adversario, en lugar de verla con un espíritu de cooperación y compañerismo.

Sabes que has estado usando la fuerza cuando la conversación que estás manteniendo con tu mejor amigo, que siempre parece comprenderte, se agría de pronto y los dos os separáis sintiéndoos «fatal». Otros síntomas de estar usando la fuerza son la micromanipulación, la desconfianza y la negatividad, que describiré más adelante con más detalle. Esta clase de situaciones sientan mal y no funcionan demasiado bien. Aun sabiéndolo, ¿por qué no elegimos actuar de otra forma más poderosa? Porque estamos acostumbrados a usar la fuerza y nos olvidamos de que siempre hay otra opción.

La nueva forma de ser: a través del poder

La vida no consiste en controlar las situaciones ni en manipularlas para que salgan como tú querías, sino en el poder, en el poder de elegir cómo vas a usar tu energía. Cuando, por ejemplo, intentas controlar a alguien, recibes una ROE baja porque es imposible controlar a los demás o sus reacciones. Tal vez consigas temporalmente alguna que otra ROE alta, pero al final siempre acabarás recibiendo una baja rentabilidad, porque no puedes controlar los resultados. En cambio, cuando actúas desde una situación de poder, controlándote solo a ti y tus acciones, siempre obtienes una ROE alta, porque eres consciente de la situación y haces buenas elecciones. Puedes controlarlas. Y eso es todo cuanto puedes controlar. Cuando actúas desde una situación de poder, sabes que estás conectado al Campo y recibes sus beneficios mucho más deprisa.

Cuando intentas controlar a los demás, te quedas atrapado en lo correcto y lo incorrecto, en lo que debes y no debes hacer, y en unos pensamientos basados en el ego, actúas con un bajo nivel de energía, creando una falsa sensación de poder. Pero tu verdadero poder reside en la capacidad de usar tu energía para conectar con los demás y de utilizar el potencial que esto crea. No es lo mismo que usar la fuerza. Según Hawkins: «El poder da vida y energía. La fuerza te las arrebata»[7]. Yo siempre creí que tenía toda la razón del mundo al perseguir a Patrick para que me diera los informes, y aquella situación era desagradable para los dos. En cambio, cuando eliges una opción de una alta energía, puedes moverte a través de la pesadez y la carga que conlleva una situación y acceder a la sabiduría, por más difíciles que sean las circunstancias. Puedes afrontar los retos y recuperar el equilibrio rápidamente. En ese caso, las reuniones laborales terminan en el tiempo fijado, se llega a un consenso y se produce una corriente de sentimientos positivos. En el hogar también hay más armonía. Al hacer elecciones de alta energía, creas una contagiosa atmósfera de confianza y bienestar que se difunde en tus relaciones personales y en tu equipo de trabajo. En ella no tiene cabida la venganza ni las represalias, y además te permite afrontar los asuntos difíciles con más facilidad. Imagínate que estás en el ojo del huracán: a tu alrededor giran furiosamente toda clase de presiones exteriores, mientras tú mantienes la calma. Si lo deseas, puedes empezar ahora mismo a conectar con tu verdadero poder.

VIVIR EN EL CAMPO CUÁNTICO

¿En qué áreas de tu vida usas la fuerza?
¿En qué áreas de tu vida usas el poder?

Para vivir en el Campo no necesitas ser un experto en ello, solo es una forma de vivir. La mayor parte de mi vida he estado viviendo en él, aunque esto no significa que no haya tenido que afrontar retos. Siempre los ha habido y siempre los habrá. En una ocasión conocí en un viaje a una persona maravillosa, creí que se trataba del «hombre de mi vida». Entre los dos había una conexión extraordinaria, nunca había sentido nada igual en toda mi vida. La larga relación que él había mantenido con su pareja estaba a punto de romperse y me dio a entender que también estaba interesado en mí. Me dio las suficientes esperanzas como para que yo siguiera en contacto con él. Dos años más tarde aún no había roto con su pareja. Cuando estábamos juntos, todo el mundo veía la increíble conexión que había entre nosotros. Yo me moría de ganas de formalizar nuestra relación, pero cuando intentaba seducirle o influir en él, o cuando pensaba en la razón por la cual habíamos de ir a vivir juntos o en por qué su novia no era la mujer adecuada para él, perdía la conexión con mi poder, ya que estaba intentando controlar los resultados.

Como había dejado que la relación girara solo en torno a él y a lo que *él* debía hacer, me sentía muy infeliz. Llegué al extremo de que todos los otros aspectos de mi vida dependían del pensamiento de no saber si nuestra relación avanzaba o no. De pronto, todas mis decisiones y actividades dependían de esta pregunta: ¿acabaremos viviendo juntos? «Me encantaría pedirle que pasara estas vacaciones conmigo, pero si no vamos a ir a vivir juntos, no se lo voy a pedir; quizás es mejor que no me vaya de vacaciones hasta que él haya roto con ella». La onda que esta clase de pensamientos creaba en el Campo me había quitado todo mi poder, porque de pronto toda mi energía estaba concentrada en intentar controlar cómo lo quería, en lugar de pedir qué quería. Cuanto más tiempo pasaba tramando cómo lograrlo, más baja era la ROE que obtenía.

Decidí cambiar mi forma de actuar. Primero envié mi intención: «¡Eh!, si es el hombre adecuado, envíamelo; y si no lo es, mándame uno que lo sea». Para volver a conectar con el Campo recordé la intención que había establecido antes de conocerlo: «Quiero mantener una relación con un hombre cuyo corazón esté abierto y disponible, al que yo pueda amar desde el fondo de mi corazón, cuerpo, mente y alma». En lugar de intentar hacer que se convirtiera en esa persona, me concentré en mi intención. Al actuar de esta nueva forma, he podido dirigirme hacia lo que yo quería. Ahora reconozco enseguida cuándo estoy usando la fuerza y ya no pierdo el tiempo intentando forzar una relación basada en una posibilidad. También me estoy divirtiendo mucho más que antes. He liberado una enorme cantidad de energía que estaba bloqueada, y ahora puedo mantener una relación con alguien sin reservas.

VIVIR EN EL CAMPO CUÁNTICO

¿Se te ocurre alguna ocasión en la que mantuviste una relación (personal o profesional) basada en la fuerza y no en el poder?

Los Campos-M

Vivir en el campo cuántico significa actuar con unos niveles más altos de energía, que pueden manifestarse como una idea genial, unas brillantes inspiraciones, o una nueva perspectiva que transforma en el acto una situación. El bioquímico Rupert Sheldrake ha acuñado el término «campos morfogenéticos» (Campos-M) para describir los patrones organizadores invisibles que actúan a modo de plantillas energéticas. Cuando el corredor Roger Bannister batió el récord recorriendo una milla en menos de cuatro minutos, creó un nuevo Campo-M. Cuando los hermanos Wright consiguieron volar, crearon un nuevo Campo-M.

Sheldrake afirma que es posible crear Campos-M cada vez más grandes y poderosos. Cuando Hillary Clinton se convirtió en la primera mujer de un expresidente que se presentaba como candidata para el Congreso, creó un nuevo Campo-M. Oprah Winfrey, al convertirse en la primera mujer de color multimillonaria, creó un nuevo Campo-M. Siempre que alguien alcanza una mayor posibilidad, nace un nuevo Campo-M. Después de haber sido creado, los demás tienen más posibilidades de poder hacer lo mismo. Cuando aprendes a vivir en el campo cuántico, no solo tú das unos saltos cuánticos hacia delante, sino que haces que a los demás también les resulte más fácil darlos.

VIVIR EN EL CAMPO CUÁNTICO

¿Has tenido alguna vez la experiencia de ver a alguien crear un nuevo Campo-M?
¿Has creado tú alguna vez un Campo-M?

Las diez elecciones energéticas

El campo cuántico nos ofrece una visión de la vida desde un lugar en el que no acostumbramos a estar, porque nos pide que cambiemos nuestra forma de abordarlo todo. Al vivir en el Campo, lo que más nos cuesta a la mayoría es aplicar a la vida cotidiana unos conceptos que no son fáciles de cuantificar. Cuando has de preparar el almuerzo de tus hijos para que se lo lleven y salir de casa en cinco minutos, ¿cómo puedes pararte a contemplar la interconexión que existe entre todas las cosas?

Yo aprendí a conectar con el Campo y a desarrollar algunos de estos principios al sufrir, de niña, unos graves ataques de asma que podían haber resultado mortales. Sin embargo, el lado positivo del asma es que me convirtió en una guerrera. Afronté los ataques luchando siempre con todas mis fuerzas. Después de lograr sobrevivir esos cinco primeros años, supe que podía hacer cualquier cosa que me propusiera. Como podía leer mi cuerpo mejor que los médicos, aprendí a confiar en mí y acabé creyendo que solo yo podía ser dueña de mi vida. Durante los siguientes veinte años decidí conquistar mis distintos mundos: el colegio, los deportes y la carrera.

En el colegio los niños me llamaban «saco de aire» por el extraño ruido que yo hacía al respirar. Lo afronté con sentido del humor, decidida a demostrarles que podía conseguir cualquier cosa que me propusiera. En el tercer curso me convertí en la primera chica capitana. En el instituto fui la primera delegada de la clase. Y en mi familia fui la primera en graduarme y doctorarme. Vivía con lemas como «no hay beneficio sin sacrificio» y «querer es poder». Alcanzaba cualquier cosa que me propusiera.

Siempre con ganas de ascender, demostrando que era imbatible, al acabar mis estudios entré a trabajar en una multinacional internacional con un cargo poco importante, y al cabo de diez años me había convertido en la vicepresidenta más joven. A los 36 ya estaba al frente de una operación de 100 millones de dólares. Cuanto más me esforzaba y conseguía lo que quería, más energía y fuerza de voluntad aplicaba.

Mis tempranas pautas de conducta de fijarme unas metas, perseguirlas sin descanso y alcanzarlas a toda costa me sirvieron mucho en la vida, y hasta el día de hoy me siento agradecida por mis ataques de asma, porque me han dado muchas cosas. Pero con el paso del tiempo algunas de las decisiones que siempre tomaba en mi vida dejaron de funcionarme.

Fue un proceso gradual. Me había acostumbrado a triunfar a pesar de tenerlo todo en contra, y sin darme cuenta recreaba esas situaciones sin cesar para poder participar en un juego cuyas reglas dominaba. Sabía cómo ser una víctima de las circunstancias. Pero lo que no sabía era que haberme afincado en esas Agradables Rutinas para mí me obligaba a tomar decisiones que me alejaban de la vida que yo quería crear. Empecé a dar vueltas en el círculo de esta pauta de conducta, solo que cada vez giraba más deprisa en él, y acabé creando un enorme drama. Cuanto más intentaba forzar la situación, con más frecuencia ocurría aquello que yo más temía. Cuando veía que, por más que me empecinara, la situación no mejoraba, me ponía a darle vueltas al asunto, preguntándome qué otra cosa podía hacer, y luego volvía a caer en la misma pauta de conducta.

Al final descubrí que las elecciones que hacemos con nuestra forma de responder a los altibajos de la vida pueden ser o bien de alta energía o bien de baja energía. Con el tiempo las clasifiqué en diez distintas conductas, o elecciones energéticas, a las que les puse nombres. Las diez elecciones que enumero a continuación son concretas, fáciles de seguir, y no requieren tener conocimientos de física ni de filosofía para captarlas.

1. LAS AGRADABLES RUTINAS: solo porque algo te resulte familiar no significa que sea la forma más poderosa de usar tu energía, y puede llevarte a hacer una elección de una energía más baja.

2. DARLE VUELTAS A UN ASUNTO: evocar mentalmente la misma situación y los «y si…» una y otra vez, te desgasta y te lleva a hacer una elección de una energía incluso más baja aún.

3. GIRAR EN CÍRCULO: repetir las mismas pautas de conducta y el mismo drama de una situación a otra, de un trabajo a otro, de una relación a otra, acaba convirtiéndose en una plantilla inconsciente en tu vida, que te lleva a elegir la opción energética más baja.

4. IMANES: tus ideas negativas basadas en el miedo pueden acabar creando aquello que más deseas evitar. Sufres tal agotamiento que esta opción del nivel más bajo de energía te arrastra a un Agujero Negro.

5. NO JUZGUES: al abandonar todas tus interpretaciones y opiniones sobre los demás, sobre los resultados y ante todo sobre ti, sales de la Zona del Miedo de las elecciones de baja energía y tus posibilidades aumentan.

6. ANÍMATE: al animarte, la intensidad de la situación cambia y puedes actuar de una nueva forma que te catapulta a la Zona del Poder.

7. SINTONIZA: ha llegado el momento de desconectar del mundo de la tecnología y conectar con el ser humano que tienes delante. Al conectar con otra persona, el resultado es el doble de poderoso que cuando no lo haces.

8. OBSERVA: al observar el entorno, entras en un estado desapasionado de observación y asimilas con todos tus sentidos la información física, emocional e intuitiva que te ofrece. Y al conocerlo mejor, tienes más opciones.

9. CONECTA CON LA VERDAD: conectas con tu mayor poder cuando vives siendo íntegro contigo mismo y con los demás.

10. CREE: tú creas aquello en lo que crees de una manera profunda y auténtica. Y el poder que experimentas al hacerlo expande tu potencial. Esta elección, la más alta a nivel energético, te lanza a un Gran Avance.

¿Cuál de estas opciones vas a elegir?

Recuerda que accedes al Campo si decides hacerlo. Si optas por una elección. Eliges tu intención, y luego eliges la siguiente acción. Vivir en el Campo consiste en los cientos de elecciones energéticas que haces cada día y en aquello que crean. Te mostraré cómo tomar mejores decisiones, crear menos estrés y dramas, encontrar un significado más profundo, y disfrutar de una vida más responsable tanto en los buenos como en los malos momentos. A lo largo del libro analizaré cada una de estas elecciones en profundidad. El capítulo siguiente describe el Espectro de la Energía y te da una visión de conjunto de las diez elecciones energéticas. Los capítulos 3-6 te presentan las opciones de baja energía, y los capítulos 7-13 las de alta energía. Cada capítulo contiene varias preguntas para explorar más a fondo el tema, así como resúmenes de las ideas tratadas.

He iniciado este capítulo contándote que Timothy, nuestro ángel de la guarda, parecía haber salido de la nada. Ahora desearía concluirlo con una historia que te muestra cómo usar estas elecciones en unas situaciones más triviales.

Los días corrientes en el Campo

Mi amiga Jill es viuda, y además una mamá que se pasa la mayor parte del día al volante llevando a sus hijos al colegio, a los eventos deportivos y a recibir diversas clases. Una tarde se encontró en la poco frecuente situación de estar sola en su furgoneta y tener una hora libre. El tráfico era denso y un atasco podía reducir el poco tiempo libre que tenía. ¿Le daría tiempo de ir al supermercado y volver para buscar a sus hijos? ¿De cambiar el aceite del coche? ¿De limpiar el coche para que los restos de comida del asiento trasero no empezaran a estropearse? Decidió relajarse y disfrutar de aquel soleado día en lugar de quejarse del tráfico o de la oportunidad desperdiciada.

De pronto Jill vio la nueva tienda de Trader Joe's. Una de sus amigas más íntimas iba a dar una gran fiesta de cumpleaños dos días más tarde y estaba obsesionada por adquirir un vino que solo se encontraba en aquella tienda. Jill no había tenido hasta entonces tiempo, ni ganas, de averiguar siquiera en qué zona caía, y menos aún de ir a ella con el coche, y había renunciado a la idea de comprar aquel vino para su amiga. Pero como había elegido disfrutar de aquel soleado día, más tarde pudo sorprender a su amiga con un regalo especial de cumpleaños.

Cada elección que hacemos afecta a nuestro futuro. Esta vez quizás encuentres una tienda especial de vinos, y la próxima, una buena canguro que parezca haber salido de la nada. Y la siguiente tal vez recibas una oferta de trabajo incluso antes de darte cuenta de que ya estabas preparado para cambiar de empresa.

Si Jill hubiera elegido ponerse de mal humor a causa del tráfico, no habría visto la tienda de vinos. Y más tarde no habría tenido en cuenta una idea genial que se le ocurrió relacionada con un problema que tenía con uno de sus hijos, porque habría estado demasiado agobiada. Y tampoco habría conocido a Don Perfecto en el gimnasio, porque se lo habría sacado de encima al haber tenido una actitud negativa tanto con ella misma como con los demás. Utiliza tu energía siendo consciente de ella. Cuando vayas a tope y estés tomando decisiones al momento, ten en cuenta que cada decisión cuenta. Estos ejemplos tal vez parezcan irrelevantes, pero de eso se trata: aunque aquello que eliges en la vida cotidiana parezca no tener importancia, con el paso del tiempo fluirás mejor con el Campo y obtendrás unos resultados cada vez más importantes. ¿Y acaso hay algo más estimulante que estar expandiendo constantemente tu vida?

RESUMEN

- Todo es energía. Todos disponemos de una fuente de energía. De ti depende cómo desees conectar con ella. Incluso cuando te sientes agotado y crees no tener elección, siempre la tienes.
- Gastamos mucha energía intentando cambiar y controlar a las personas y las situaciones (fuerza).

- Vivir en el Campo, una nueva forma de vivir y actuar, es ver la vida desde un lugar en el que no solemos estar (poder). Como esta nueva forma de vivir no es lineal, no hace falta que te preocupes por las causas y los efectos ni por los «y si...».
- El Campo lo contiene todo y en él todo es posible.
- Todo cuanto dices o haces produce una onda en el Campo, y los demás la captan, por sutil que sea. Ocurre un cambio, y este crea una cadena de reacciones.
- Las diez poderosas elecciones que están a tu disposición determinan si recibirás por tu energía una rentabilidad alta o baja.
- Al comprender todas las posibles formas de usar tu energía, puedes elegir un modo eficaz y satisfactorio de actuar cuando te sientes improductivo, frustrado y sin esperanza. Evaluarás las situaciones con más rapidez y producirás un mayor impacto en ellas, al margen de cuál sea tu situación personal o profesional.

2

El Espectro de la Energía

¿Has tenido alguna vez uno de esos días en los que te sientes invencible? ¿Cuando todo te funciona y sale como tú querías? Y luego hay esos días en los que todo te sale mal. ¿Por qué los días perfectos parecen ser tan raros y escasos? ¿Por qué es mucho más fácil que un día te vaya de mal en peor en lugar de cada vez mejor? En este capítulo explicaré cómo ocurre y qué puedes hacer para crear más días buenos. La siguiente historia trata sobre uno de esos días malos, y más adelante te indicaré cómo puedes darles la vuelta.

Un lunes por la mañana yo iba con mucha prisa para no llegar tarde al trabajo. Como había puesto mi casa en venta, tenía que dejarla en perfectas condiciones antes de irme. Me preocupaba que mis gatos ensuciaran algo, y uno de ellos, el más joven, como si lo supiera, regurgitó una bola de pelo sobre la alfombra blanca. Al tener que limpiarla me retrasé más aún. Dejé una nota al contratista que iba a venir a acabar una reforma, diciéndole que si quería preguntarme algo podía hablar conmigo por teléfono de las 10 a las 13.15 horas.

La noche anterior no me había preparado la bolsa para ir al gimnasio y tuve que hacerlo a toda prisa. Mientras me duchaba después de la sesión de ejercicio, que, por cierto, no había resultado demasiado satisfactoria (alguien estaba usando mi máquina favorita, una *stair stepper*), descubrí que me había dejado los pendientes y el cinturón en casa. Al ir a tomar el metro, la tarjeta no me funcionó, y como yo no dejaba de empujar el torniquete con la cadera derecha intentando entrar, un empleado me dijo arrastrando las palabras: «Señora, vaya a comprar otra tarjeta». Tuve que recorrer otra vez el interminable pasillo que llevaba a la entrada para adquirir una nueva tarjeta y perdí el metro. Y entonces me di cuenta de que me había dejado el almuerzo en la encimera de la cocina.

Al llegar al trabajo me puse a preparar frenéticamente una conferencia que tenía que dar en Washington D.C. al día siguiente. Aquella semana había intentado terminar mi presentación en PowerPoint antes, pero me había entretenido haciendo otras cosas. Josh, mi mano derecha, estaba en el punto muerto de una discusión con otros dos miembros de mi equipo. Susan, nuestra clienta, estaba empezando a darse cuenta de que algo iba mal. Me había dejado ya dos mensajes en el contestador y un e-mail urgente.

La habría llamado enseguida, pero estaba ocupada hablando por teléfono con uno de mis clientes de Londres para finalizar los detalles de nuestro contrato anual, que necesitaba precisamente ese día. Apuré la conversación y me dio justo el tiempo de hacer una llamada internacional para hablar del próximo congreso en Islandia.

Como esta segunda llamada se alargaba interminablemente, entré en el correo electrónico para contestar a Susan, y redacté una de las respuestas más elocuentes de toda mi vida. Justo cuando iba a pulsar con el ratón en ENVIAR, el ordenador se bloqueó. Solté unos improperios en voz baja al comprender que aquella obra de arte se había esfumado para siempre. «¿Por qué siempre me pasa cuando estoy a punto de irme de la ciudad? Ahora voy a retrasarme más aún, e incluso puede que pierda a

Susan como clienta». Advertí que mis uñas estaban en muy mal estado y pensé: «Pues hoy no tengo tiempo de hacerme la manicura». Luego me puse a pensar qué es lo que necesitaba hacer antes de tomar el avión a la mañana siguiente: 1) Ir a buscar la ropa a la tintorería. 2) Ir a la farmacia a buscar una medicina. 3) Llevar el coche al concesionario. 4) Pintarme las uñas.

Solo eran las 10 de la mañana. «¿Cómo he podido dejar que las cosas se me descontrolen tanto? Siempre me ocurre cuando voy a irme de viaje. Me pongo loca. Sé que debo de estar ayudando a crear esta situación. Pero ¿qué es lo que hago para que suceda?».

En el pasado habría culpado a mi jefe por mi exceso de trabajo, a la economía por el bajo precio en que me habían tasado la casa, y a no tener un marido por el caos que reinaba en mi hogar. Pero ahora ya no me engaño más a mí misma. Sé que soy responsable de la vida que creo. Al igual que había creado aquel caótico día, también podía crear un día tranquilo. Lo único que ocurría era que me había olvidado de vivir en el Campo. Tu vida puede cambiar en un instante. En el Campo, cada elección que haces te crea más problemas hasta que te lanza al Agujero Negro, o te catapulta a un Gran Avance: a un espacio lleno de energía y de posibilidades.

En el Campo puedes elegir experimentar el Agujero Negro, o elegir un Gran Avance.

¿Por qué cambiar?

Cuando yo era niña, quizás al igual que tú, me inculcaron la idea de que, si trabajaba mucho y hacía todo cuanto se suponía que debía hacer, alcanzaría mis metas. Seguí el pensamiento newtoniano de la causa y el efecto creyendo que si hacía A produciría B. Y cuando no ocurría, pensaba que era por mi culpa. No acababa de entender que la vida funciona de otra manera, que es un diálogo interactivo en el que participan los seis sentidos, y no un monólogo unilateral que no permite que se manifiesten las posibilidades y que ni siquiera escucha. Por más que te esfuerces, los obstáculos siempre se interpondrán en tu camino; así es la vida. En ese momento es cuando debes responsabilizarte en lugar de sentirte impotente y sin una elección. Tu poder está directamente conectado a la siguiente elección que hagas.

Piensa en el problema más importante que estás ahora afrontando en tu casa o en el trabajo. ¿Cuánta energía tuya (o la de la persona que más quieres) estás gastando en él? Si resolvieras este problema, ¿qué te permitiría hacer como miembro de una familia o como pareja? ¿Y qué ocurriría si también supieras afrontar eficazmente el siguiente reto, y el que llegue después? (Porque no dejarán de llegar.)

En cuanto experimentas esta forma de vivir, no quieres volver a la antigua. No se trata de eliminar las cosas «malas» de la vida, sino de incluir todos los aspectos tuyos para comprender cuándo haces una elección de alta energía, y cuándo una de baja energía. Si puedes vivir todas las realidades que hay en ti, comprenderás cómo cada elección puede sacarte de la Zona del Miedo de las elecciones de baja energía y de la frustración, y lanzarte a la Zona del Poder de las elecciones de alta energía y de las posibilidades, lo cual te permitirá moverte mejor por el Campo. No se trata de cambiar aquellas partes tuyas que siempre hacen unas elecciones de baja energía, sino de aceptar el espectro de las experiencias que tienes a tu alcance y, al hacerlo, ser catapultado a otro lugar en el Espectro de la Energía (en el siguiente capítulo hablaré con más detalle de él). Este proceso ni siquiera es consciente. Verás el impacto que ejerce cada elección en tu vida, y cómo algunas de ellas te abren unas puertas y otras, no. Es decir, tienes mucho más poder del que te imaginas.

La antigua forma de actuar: el Agujero Negro

Todos hemos crecido en unos sistemas lineales y jerárquicos, ya sea en la familia, el colegio, el lugar de trabajo o en una organización de voluntarios. Muchas de estas situaciones nos hacen sentir impotentes. Cada situación de la vida cotidiana, como renovar el permiso de conducir o conectar con una compañía para que te instale la televisión por cable, puede ser frustrante y desalentadora, y genera un contagioso efecto secundario: las quejas. Cuesta no sentirse como una víctima. Sin embargo, esta mentalidad es la que hace que vuelva a ocurrirnos lo mismo.

En el espacio, un agujero negro es una fuerte entidad gravitatoria que devora todo aquello que entra en contacto con ella. He usado el término para describir esos momentos en los que te sientes como si no pudieras controlar tu vida y te hundes en la frustración, la ira, la depresión o la desesperación. Todas estas sensaciones son de baja energía, y el Agujero Negro crece con ellas. Los pensamientos negativos también pueden llevarte a él. Un agujero negro en el espacio se crea cuando una estrella se colapsa: la gravedad que se produce es tan grande que no deja escapar el menor rayo de luz. La «oscuridad» y el «colapso» también describen cómo te hundes en la vida en un Agujero Negro.

La *oscuridad* procede de las monótonas tareas de la vida cotidiana, como lavar los platos, ir al supermercado y llevar a tus hijos a los entrenamientos de fútbol. También puede venir de los malentendidos y de una mala comunicación. El servidor de Internet no funciona. Discutes con tus vecinos o con los amigos. No te acuerdas de dónde has dejado unas facturas o unos papeles importantes. Esta clase de problemas te erosionan la energía. Tú lo defines como un mal día o una mala semana. Pero pueden volverte loco y a menudo se presentan de miles de formas: como la mamá que comparte un coche con otras y que siempre llega tarde a buscar a su hijo, el camarero que se olvida de anotar lo que le has pedido, y el empleado que no se presenta al trabajo en un día crítico.

Cuando te *colapsas* y eres arrastrado a un Agujero Negro, los problemas son más importantes y pueden catapultarte con mucha rapidez a un lugar profundo, muy profundo. El *colapso* puede venir de un trauma, como la muerte de un familiar, o de un amedrentador diagnóstico. Te despiden. Descubres que tu hijo se droga. Tienes una crisis de identidad y te preguntas si quieres seguir casado. En este aspecto del Agujero Negro te replanteas tus valores y los objetivos de tu vida y te preguntas quién eres. Normalmente te enfrentas a unas cuestiones de vida o muerte que te hacen que te plantees el significado de todo:

¿De qué sirve de todos modos?
No puedo superarlo.
Es más de lo que puedo soportar.
¿Cómo voy a seguir adelante?

Normalmente te enfrentas al *colapso* solo, aunque vivas en pareja o con tu familia. Te vuelves más cerrado e introspectivo, y a menudo vuelves a definir quién eres en el mundo. Aunque los demás intenten tranquilizarte, no puedes escapar del sufrimiento que sientes.

Lo curioso del caso es que, cuando te sumerges en la oscuridad, estás mucho más agitado; en cambio, en el colapso te encuentras más allá de la agitación. Estás en un profundo estado de dolor y metamorfosis. Y puedes experimentar los dos aspectos del Agujero Negro a la vez. Al morir un ser querido o al divorciarte, aunque no te hayas recuperado aún del profundo dolor de la separación, tienes que lidiar con los requisitos burocráticos y sociales, como preparar el funeral, encontrar unos abogados, ocuparte del papeleo, cambiar de casa y empezar una nueva vida.

Durante el funeral de su madre, Jamal, un vendedor de equipos médicos, recibió dos mensajes en su móvil. Uno, durante el oficio religioso, y el otro, mientras bajaban el ataúd de su madre a la sepultura. Ambos eran de su jefe desde California preguntándole por qué durante ese mes sus ventas habían bajado. El lunes siguiente Jamal le dijo por la mañana a su jefe: «Creo que fuiste muy insensible ante la muerte de mi madre».

Al cabo de un mes su jefe le había retirado más de la mitad de su territorio de ventas (y de sus ingresos), incluyendo una venta pendiente de dos millones de dólares. Jamal sabía que había llegado el momento de seguir adelante. Durante varias semanas estuvo trabajando ambos aspectos del Agujero Negro al mismo tiempo. En el colapso lloró la pérdida de su madre y afrontó el reto y el *shock* de tener que encontrar un nuevo trabajo. En la oscuridad planeó cómo salir del Agujero Negro, revisó su economía y se ocupó de concluir los asuntos pendientes de su madre.

Es mucho más fácil hundirte en el Agujero Negro que ser catapultado a un Gran Avance, porque las emociones y las ideas limitadoras de baja energía son más tentadoras que las positivas. Exigen menos esfuerzo, ya que estamos más acostumbrados a ellas. Pese a preferir los sentimientos de alta energía, los de baja energía nos atraen porque nos resultan más cómodos y no nos exigen ser responsables, cambiar de conducta ni resolver un problema. Nos permiten quejarnos y echar la culpa a otro. Y a la infelicidad le encanta la compañía. Encontrarás a un montón de gente que te apoyará y colaborará con varias quejas de su propia cosecha. Recuerda el patrón de atracción de Hawkins: lo similar atrae a lo similar. Al elegir quejarte entras directamente en una zona de baja energía y te alejas de responsabilizarte de lo que creas.

Pero estas emociones de baja energía y la mentalidad de víctima te impiden alcanzar lo que deseas en la vida. En el instante en que dudas de ti o te menosprecias, caes en el Agujero Negro. Y cuanto más lo alimentas con preocupaciones, miedo, ira, estrés y otras emociones que te quitan la energía, más crece y más deprisa te hundes, con lo que te resulta más difícil salir de él.

Si miras las reposiciones de *Star Trek*, tal vez recuerdes un episodio en el que cuantos más rayos láser lanza el capitán Kirk a una peligrosa masa amorfa, más grande se vuelve esta. De igual modo, cuanto más odio, negatividad y enjuiciamientos empleas para afrontar un problema, este más aumenta. La vida te parece más dura. Todo te resulta más difícil porque tu expresión interior ha pasado de una actitud dinámica y abierta a un oscuro lugar de escasez que afecta a tu familia, tu trabajo y todo aquello con lo que entras en contacto.

Cuando te sientes amenazado, es natural que te escondas hasta que las condiciones vuelvan a ser seguras. Pero al retirarte, pierdes la oportunidad que tienes ante ti de interactuar con la situación y superarla. La respuesta que buscas se encuentra en el mismo sentimiento, persona o lugar que estás intentando evitar, y seguirá apareciendo en tu vida hasta que aprendas a afrontarlo. No desaparecerá. Solo aparecerá en distintas formas, cada vez con mayor intensidad.

Yo llamo «desencadenantes» a las situaciones y a los sucesos que te arrojan instantáneamente al Agujero Negro. Cada uno de nosotros tenemos distintos desencadenantes, que tienen que ver con las relaciones, la autoestima, el dinero o el éxito. Pueden surgir con algo en apariencia tan nimio como sentirte ofendido por un amigo o al preguntarte cómo se están llevando las cuentas en el trabajo. Incluso las compañías pueden tener sus propios desencadenantes. Durante los últimos años los periódicos han publicado las historias de diversas importantes instituciones empresariales, financieras y religiosas que han caído en el Agujero Negro porque la gente hizo lo que sus jefes les dijeron, creyeron que eran intocables o pensaron que el fin justificaba los medios.

Uno de los desencadenantes a lo largo de mi vida que me han arrojado al Agujero Negro han sido mis hermanas. Nunca hemos mantenido una relación demasiado estrecha. Al haber estado yo enferma la mayor parte de mi infancia, comprendo que ellas estuvieran resentidas conmigo por toda la atención que acaparé de mis padres. Durante años idealicé la idea de tener hermanas, y creí que debíamos ser las mejores amigas del mundo. Pero ellas no participaron activamente en mi vida ni yo en la suya. Todas protegíamos nuestro territorio privado con nuestra madre y nuestro padre, y al convertirnos en adultas esta situación se tradujo en unas frustrantes vacaciones en Washington, en las que cada una de nosotras vivía en una parte distinta del estado. En lugar de poder cargarme las pilas con mi gente en Whidbey Island, me pasé toda la semana yendo de un extremo a otro del estado porque nadie se ponía de acuerdo en el día que podíamos reunirnos. Este proceso acababa siempre en un drama, con la sensación de estar dolida y con lágrimas. Al final dirigí mi energía hacia otra dirección y reconocí la relación tal como era en lugar de idealizarla en lo que yo había deseado que fuera durante tanto tiempo. Entonces comprendí que el sufrimiento que me producían estas elecciones de baja energía era mayor que el que me producía cambiar, y decidí que no necesitaba nada de mis hermanas y me arriesgué a decepcionar a mis padres, que querían que mantuviéramos una relación muy estrecha. Lo curioso del caso es que a partir de ese momento empecé a disfrutar mucho más de la compañía de mis hermanas.

A no ser que aprendas a hacer unas elecciones de alta energía, el Agujero Negro siempre te dejará agotado, desanimado, desesperado, e incluso serás menos capaz de saber cómo salir de él. Hasta ahora muchos de nosotros hemos vivido según las tres ideas fundamentales que fomentan esta limitada forma de vivir de baja energía. Veamos en qué consisten.

La Triple Amenaza

Llamo «Triple Amenaza» a las tres creencias o ideas falsas que impiden que nos responsabilicemos de nuestros actos. ¿Cuáles de estas tres son las que a ti no te han permitido vivir en el Campo?

1. Tú tienes el control

La vida en su mayor parte trata de procesos, jerarquías, estructuras y control. Intentas controlar a tus hijos, las opiniones que los demás tienen de ti o cómo viste tu pareja. A veces crees de veras que puedes controlar a todo el mundo y a todo.

Pero no es así. El siguiente ejemplo muestra cómo la necesidad de algunos padres de controlar la situación fue más fuerte que la meta que compartían de ofrecer a sus hijos una experiencia de calidad. Todos los implicados actuaron desde las opciones de baja energía del Espectro Energético, y se fijaron más en quién se hacía cargo de la situación que en sus propios hijos.

Un sábado a las ocho de la mañana mi amiga Elise, psicóloga, llegó dos horas antes de lo requerido a un famoso teatro infantil para asegurarse de poder inscribir a su hijo en él, ya que las plazas de aquellas clases estaban muy buscadas. Elise fue la primera madre en llegar, y como no sabía dónde ni cómo se realizaría la inscripción, al llegar otro padre ella estableció un sencillo sistema de «tomar un número» para que cuando la oficina estuviera abierta pudieran inscribir a sus hijos por el orden en que habían ido llegando.

Al volver, cuando faltaba poco para las diez, vio que algo iba mal. La tensión se respiraba en el aire. El personal corría de aquí para allá. La gente estaba confundida. La directora entró furiosa dando grandes zancadas.

—¿Quién es el responsable de esto? —rugió sosteniendo en alto el sistema de la numeración.

—Yo —contestó Elise con aprensión.

—¡Es la idea más estúpida con la que me he topado en toda mi vida! ¿Quién se cree que es para cambiar el sistema que he estado usando durante tantos años? ¡Es increíble! ¿Cómo va ahora a arreglarlo?

—Creo que salta a la vista. Debemos seguir con el sistema de los números —observó un padre, un ingeniero.

—Pero la gente que ha llegado tarde se quedará sin plazas —gritó otro padre desde el final de la cola sin ver que el resultado habría sido el mismo sin el sistema de números.

Estalló el caos. La lucha por el control dividió a los padres. El culto grupo de adultos empezó de pronto a actuar como niños. Una profesora de Stanford pidió que inscribieran a su hijo, y el presidente de una compañía le soltó que se callara. La directora se puso roja de rabia. Su necesidad de controlar la situación fue más fuerte que la de servir mejor a los padres o a sus hijos y le hizo perder la oportunidad de elegir una opción de alta energía para resolver la situación. Por eso las elecciones que haces en el Espectro de la Energía son tan poderosas. Pueden llevarte rápidamente en una dirección o en otra.

Muchos de nosotros también intentamos controlar a los demás en el trabajo. Heather, una de mis anteriores colegas, dirigía una exitosa operación de ventas con un espíritu muy rebelde y corriendo unos enormes riesgos. Durante uno de los ciclos presupuestarios, al ver que no íbamos a ganar lo que nos habíamos propuesto, decidió imponer arbitrariamente un aumento de las tarifas en la mitad del año. Lo discutimos en una reunión de directivos y le preguntamos cómo creía que iban a reaccionar los clientes.

—Ya lo he tenido en cuenta. Me conocen desde hace diez años. No me cuestionarán esta decisión —respondió Heather—. Haré que la cantidad sea lo bastante pequeña como para que les pase desapercibida cada semana. —Y luego ejecutó su plan con agresividad. Las ganancias aumentaron, los beneficios subieron y Heather iba a cobrar una increíble prima.

Sin embargo, al final del año, cuando los clientes hicieron sus balances, descubrieron el aumento y se enojaron muchísimo. ¡No solo pidieron que les devolvieran el dinero, sino que dejaron de ser clientes nuestros! Heather hizo rápidamente todo lo que pudo por recuperarlos, pero solo lo consiguió después de haberles concedido unos descuentos incluso mayores que antes. La relación que mantenía con ellos se deterioró mucho, lo que afectó negativamente a la productividad de la empresa. Los dos primeros trimestres del año siguiente fueron especialmente duros, y solo consiguió que la empresa se recuperara después de que los clientes volvieran poco a poco a confiar en ella. Las elecciones de baja energía, como no ser honesto con los clientes —o con cualquier persona— siempre se vuelven en nuestra contra.

2. No puedes ser tú mismo

Muchos de nosotros somos como camaleones: nos parece de lo más normal actuar de distintas formas en distintos entornos. ¿Eres por fuera la misma persona que por dentro? ¿Eres el mismo con tus hijos, tu pareja, los amigos y los compañeros de trabajo? Al representar un papel reprimes aquellas partes tuyas que más deseas expresar, lo cual afecta a tu creatividad y bienestar emocional. A causa de la frustración que te produce, eres menos paciente y más propenso a desahogarte metiéndote con los demás. Por eso puedes caer en una conducta inapropiada en el trabajo o en casa y hacer unas elecciones de baja energía. Todos hemos recibido algún bienintencionado correo electrónico que alguien nos envió de pronto, olvidándose de corregir el texto antes de enviarlo. Es mucho más fácil desahogarnos cuando no tenemos a la persona delante, pero más tarde, cuando tienes que afrontar las consecuencias de tu acción, vas directo al Agujero Negro.

Mi amiga Denise, directora general de operaciones de una compañía multimillonaria, ha de ceñirse a una apretada agenda y realizar a tiempo todo cuanto debe llevar a cabo cada día. Pero al volver a casa a veces se olvida de desconectar y sigue dando órdenes. Su marido le ayuda a cambiar de chip diciéndole: «Cariño, yo no soy uno de tus empleados». Le recuerda que no hay nada malo en ser tal como es y que en casa ha de olvidarse de su papel de directora de operaciones. Y este sistema siempre funciona.

3. Has de ponerte siempre en último lugar

Muchas mujeres invierten en su futuro y en el de sus familias creyendo que han de hacerlo en esos momentos para poder tener la vida que desean más tarde. Lo cual puede significar intentar alcanzar una buena posición económica y el éxito, y pasar menos tiempo con los hijos que están creciendo, y solo cambiar de trabajo cuando tengan un plan de pensiones o empezar a explorar sus sueños cuando sus hijos se hayan independizado.

Si te pones siempre en último lugar, los demás te tratarán como si fuera así. Recuerda que el campo actúa dependiendo del mensaje que tú le envíes. Ponte en primer lugar. Cuida del cuidador. Elegir ocuparte de los demás no es lo mismo que ser un mártir. Si te quedas en casa con tus hijos por miedo o por obligación, estás actuando basándote en la fuerza y no en el poder, porque estás intentando hacer que funcione algo que no apoya tus intereses superiores. En lugar de decir: «Por el momento no volveré a trabajar porque mi familia me necesita», di: «Por el momento no volveré a trabajar porque he decidido quedarme en casa para cuidar de mis hijos».

Cuando te pones en último lugar, pasas voluntariamente más tiempo en el Agujero Negro y te conviertes en una víctima. Por suerte aquellas viejas ideas («tú tienes el control», «no puedes ser tú mismo» y «has de ponerte siempre en último lugar») ya no se aplican.

La nueva forma de ser: el Gran Avance

En el Campo puedes elegir el Agujero Negro o experimentar un Gran Avance. ¿Quién no elegiría la segunda opción si pudiera hacerlo? El problema del Agujero Negro es que has de saber salir de él, y el del Gran Avance, que tienes que saber entrar en él. El mayor reto para la mayoría de la gente es pasar del Agujero Negro a un Gran Avance cada día.

Se trata de actuar de una nueva forma. Te invito a ensanchar la mente para ver la vida con una visión más amplia y aprovechar tu existencia al máximo. No supongas que el Agujero Negro es malo y que el Gran Avance es bueno. Son tal como «son», y a veces has de caer en el Agujero Negro para poder alcanzar el nivel más alto de un Gran Avance. El regalo del Agujero Negro es que destaca los cambios que necesitas hacer y te motiva a actuar. Cuando has caído en él, sobre todo en la etapa del *colapso*, puedes pasar de la ruptura al éxtasis si estás dispuesto a abrir tu mente y a aprender. Siempre puedes elegir una nueva opción que creará un resultado y una experiencia distintos.

VIVIR EN EL CAMPO CUÁNTICO

Describe situaciones en las que hayas vivido las ideas
    de la Triple Amenaza:
Tú tienes el control.
No puedes ser tú mismo.
Has de ponerte siempre en último lugar.

Puedes caer en el Agujero Negro al instante. Y también experimentar al instante tu siguiente Gran Avance. Todo depende de la opción que elijas. Las cuatro elecciones de baja energía (las Agradables Rutinas, Darle Vueltas a un asunto, Girar en Círculo y los Imanes) surgen de tu necesidad de controlar las cosas, te descentran y consumen tus recursos innecesariamente. En cambio, las opciones de la Zona del Poder (Anímate, No Juzgues, Sintoniza, Observa, Conecta con la Verdad y Cree) te dan a cambio mucha energía.

En el Agujero Negro te cierras, no puedes acceder a mayores posibilidades y te sientes como en un callejón sin salida. Mientras que en el Gran Avance detienes el tiempo y alcanzas al instante lo que deseas. Estas diez opciones influyen sobre el tiempo y el espacio en todas las áreas de la vida, y te ayudan a hacerte responsable de lo que creas, sea lo que sea.

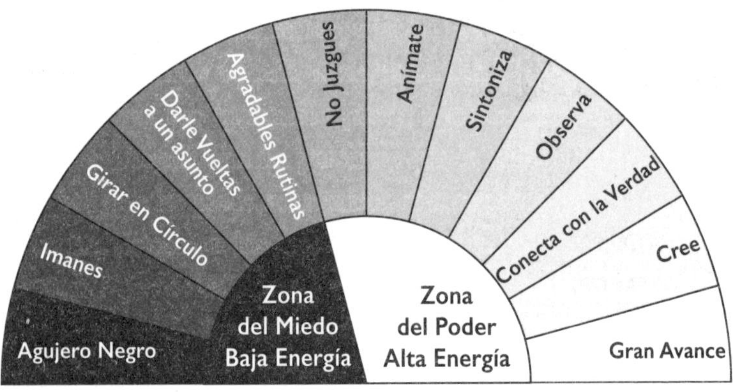

En la Zona del Miedo, una opción te lleva a la otra, obligándote a hacerlas cada vez con más rapidez y arrastrándote al Agujero Negro. En la Zona del Poder, cualquiera de las seis opciones puede crear un Gran Avance. También es posible estar en «varias zonas a la vez». Una mujer puede decidir en cuestión de segundos No Juzgar la desordenada habitación de su hijo adolescente, al tiempo que le Da Vueltas a la cena que pronto ha de preparar para unos amigos, y Conecta con la Verdad para estar más cerca de su pareja.

Describe algún momento en el que estuviste en el Agujero Negro.

Describe algún momento en el que experimentaste un Gran Avance.

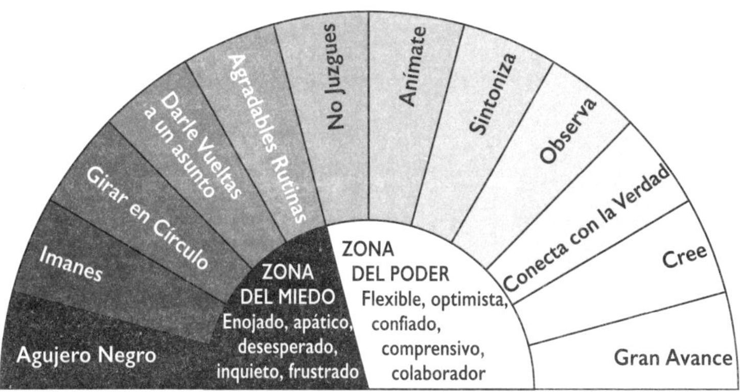

En la Zona del Miedo experimentas emociones como ansiedad, ira, frustración, desesperación y apatía. En cambio, si sientes una buena disposición de ánimo, aceptación, comprensión, optimismo, confianza o deseos de participar, significa que te encuentras en la Zona del Poder. Este modelo te ayuda al instante a ver cómo usas tu energía.

¿Cuál ha sido hoy tu mayor reto personal o laboral?
Si pudieras resolverlo, ¿cómo usarías el tiempo, el dinero y la energía resultante?

La ventaja de ir a la zona neutra

En el Espectro de la Energía tienes una variedad de opciones para elegir. Al abandonar la zona neutra del mismo para ir hacia una u otra dirección, aceleras la fuerza del descenso al Agujero Negro, o la potencia de tu ascenso a un Gran Avance. Tu forma de responder a una situación determinará en gran medida lo que ocurra a continuación. Si haces una elección de alta energía, conectarás con más poder y posibilidades. Y si afrontas una conducta de baja energía con una respuesta de alta energía (un empleado disgustado por algo se dirige a ti con una actitud de Darle Vueltas y más vueltas al problema que tiene contigo, y tú Sintonizas con él y le escuchas antes de responderle), obtendrás un resultado distinto que si te hubieras relacionado con él al mismo nivel. Normalmente, cuando te quedas atrapado en una opción de baja energía, no lo adviertes hasta que has salido de ella y puedes ver las cosas con más claridad.

El punto del Espectro entre las Agradables Rutinas y No Juzgar es una puerta que te lleva al Agujero Negro o a un Gran Avance. Tú puedes crear lo que tienes ante ti al aceptar plenamente todas las realidades de tu interior. Estas pueden consistir en las voces interiores que te producen sufrimiento y miedo, o en las voces que te hacen tener esperanza. Pero el Campo no podrá manifestar sus poderes mágicos hasta que vayas al punto neutro y dejes que desaparezca la carga emocional que acarrea para ti una situación en particular. Y esto no ocurrirá hasta que comprendas qué partes tuyas se han desencadenado. Recuerda que si esos aspectos tuyos que se han desencadenado se basan en la zona del miedo, aquellas realidades te producirán posiblemente terror o irritación. Las voces de la Zona del Poder crean, en cambio, una sensación que te levanta el ánimo y te inspira. Aquel día en que los padres fueron al teatro estaban tan metidos en la Zona del Miedo que perdieron su habilidad para moverse por el Espectro de la Energía y centrarse en lo más importante: inscribir a sus hijos en las clases. Cuando aceptas estas múltiples realidades, puedes silenciar todas las voces interiores y entrar en un distinto estado del ser.

Quizá te dé la impresión de que te estoy pidiendo que aprendas a vivir de una forma totalmente distinta cuando estás ya agobiado por todas las cosas que has de hacer. Pero aunque parezca que te esté subiendo el listón en un sentido, te lo estoy bajando en otro. Solo tienes que dar unos pequeños y regulares pasos que yo te explicaré con un montón de ejemplos. A partir de este momento, al preparar el desayuno para tu familia, ir en coche al trabajo o perfeccionar la postura del arado en las clases de yoga, puedes hacer unas elecciones de alta energía. Los efectos combinados que te producirán a diario serán profundos. Vivirás basándote en tu poder y crearás la vida que deseas.

Al comprender todas las formas en que usas tu energía, puedes elegir una manera más eficaz y satisfactoria de trabajar cuando te sientas improductivo, frustrado e incompetente. Evaluarás las situaciones con más rapidez y ejercerás un impacto en tu vida, sea cual sea tu situación personal o el cargo que ocupas en tu compañía. A medida que vayas aprendiendo a elegir unas opciones de alta energía, al final del día no solo te sentirás menos estresado, sino también más realizado.

El Poder Exponencial de la Energía

Con el paso del tiempo, con cada elección que hagas tu vida se expandirá de manera exponencial. Yo lo llamo el Poder Exponencial de la Energía. Es importante comprender que el impacto que ejercen en tu vida las elecciones que haces, por insignificantes que parezcan, se va acumulando. A cada elección de alta energía que hagas, te resultará más fácil hacer otra, y más importantes serán los resultados que obtengas. Y cuando haces esta clase de elecciones, a menudo recibes una pista, un signo que te indica que estás yendo por el buen camino. En una ocasión hice una elección de alta energía con mis hermanas, ellas me respondieron a ese nivel, y los antiguos conflictos entre nosotras empezaron a desaparecer. A la siguiente visita que les hice, las dos se ofrecieron a ir a verme a mi casa en lugar de tener que ser yo la que volviera a hacer el largo viaje en coche para ir a visitarlas.

El Campo es acumulativo de otras formas importantes: cuanto mayor sea la masa crítica, mayores son los resultados. Cuantas más personas sean las que actúen en la Zona del Poder, más energía experimentarán. También es cierto que cuantas más personas sean las que hagan unas elecciones de baja energía, mayor será el poder del miedo en el Campo y en el mundo. A medida que seamos cada vez más los que hagamos elecciones de alta energía, veremos con claridad cómo se aplica la expresión: «Cuando la marea sube, todos los barcos se elevan». ¿Te imaginas estar rodeado de personas que se hacen responsables de sus vidas y que viven en la zona del Gran Avance?

El Campo lo amplifica todo. Es como un interés compuesto o un plan de ahorros básico. Puedes hacer como algunos de mis amigos que, tras decidir arriesgarse, todo el dinero que habían ahorrado para su jubilación lo invirtieron en la Bolsa, lo perdieron, concluyeron que las inversiones no funcionaban, y nunca más repitieron la experiencia; o bien puedes ir ahorrando poco a poco, con constancia, y obtener al final una gran cantidad por los intereses. Por ejemplo, si a partir de los 45 años empiezas a ahorrar 1.000 dólares al año y el interés que recibes es de un 8 por ciento, a los 65 tendrás 48.913 dólares.

Y si empiezas a hacerlo a los 25, a los 65 tendrás la sorprendente cantidad de 267.653 dólares. Cuanto antes inviertas en una elección de alta energía, más te rendirá.*

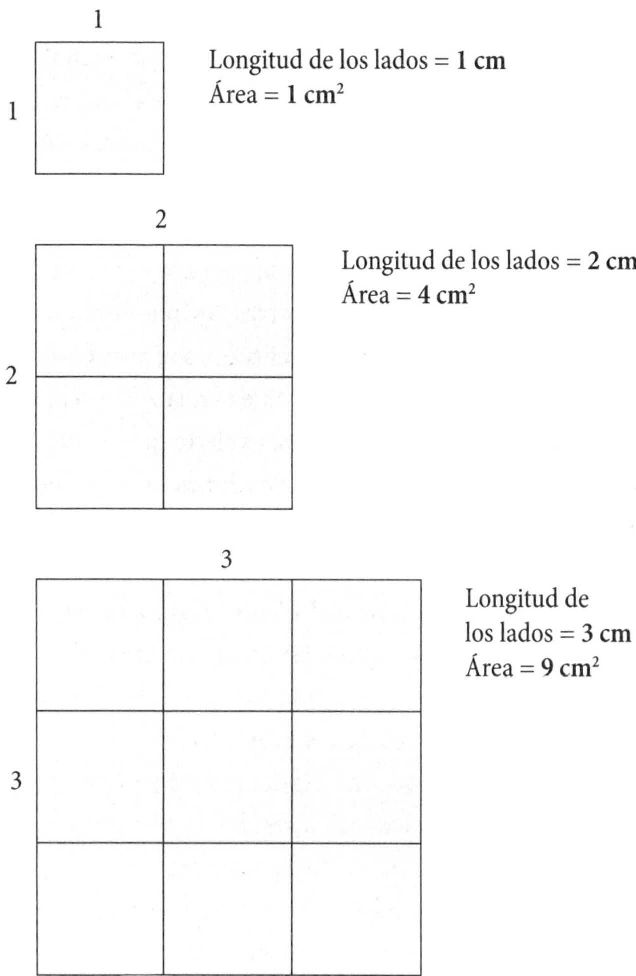

* EL PODER EXPONENCIAL DE LA ENERGÍA. Al aumentar la longitud del lado de un cuadrado, el área aumenta de manera exponencial. De igual modo, los pequeños cambios que hacemos en nuestras elecciones tienen los mismos efectos exponenciales en nuestra vida.

Si te acuerdas de cómo calcular el área de un cuadrado, puedes hacerte una idea de la magnitud que los pequeños cambios tienen en tu vida (véase el diagrama de la página anterior). Si un cuadrado mide un centímetro de lado, el área que ocupa es de un centímetro cuadrado (1×1). Y si doblas el lado del cuadrado, el área que ocupa se cuadriplica ($2 \times 2 = 4$). Y si la triplicas, se vuelve nueve veces más grande ($3 \times 3 = 9$). Los pequeños cambios crean grandes resultados. La siguiente historia es sobre un pequeño cambio que hice una noche y que acabó creando unos enormes resultados en mi vida profesional.

A los 31 años, estaba ascendiendo profesionalmente con una gran rapidez. Una noche me alegré y sorprendí al enterarme de que John Bowmer, el nuevo director general de operaciones que dirigía la empresa en la que yo trabajaba, me había invitado a ir a cenar con él y con el equipo de directivos a un elegante restaurante. Me puse el traje de chaqueta más elegante que tenía, las mejores joyas y mis zapatos favoritos. Había repasado todos los aspectos económicos del área de la que yo me ocupaba en caso de que me hicieran alguna pregunta. Pero a pesar de todos estos preparativos, estaba muy nerviosa. La experiencia de participar en una cena tan importante era nueva para mí y yo no sabía cómo conversar con estos ejecutivos de altos vuelos. ¡Y allí estaba yo, sentada a la derecha de John Bowmer, un señor muy británico, muy poderoso, y que parecía ser muy correcto!

El restaurante era de lo más clásico. La oscura madera de caoba y las rojas alfombras y cortinas estaban acompañadas por una música clásica de fondo, y en las mesas había la mayor cantidad de cuchillos, tenedores y cucharas que he visto en toda mi vida. El sumiller y el *maître*, vestidos con tonos oscuros, se dirigieron hacia nosotros al vernos llegar, y los camareros se apresuraron a apartar las sillas de la mesa para que nos sentáramos y nos pusieron las servilletas en el regazo agitándolas en el aire al estilo de los toreros.

Tomé uno de los panecillos más perfectos que he visto en toda mi vida, pero cuando ya lo tenía en la mano me di cuenta de que no sabía cuál era el plato que me pertenecía. Me quedé helada. Ya no podía dejarlo de nuevo en el plato. Eché un vistazo a la mesa tan elegantemente dispuesta buscando una pista, pero fue en vano. Tragando un poco de pan con dificultad, dejé el resto del panecillo en el plato que había a mi derecha esperando que fuera el mío. Los directivos más antiguos estaban charlando de distintos temas, tanteando el terreno sin saber exactamente qué decir para complacer al señor Bowmer. A mí lo que me preocupaba era el panecillo. Al cabo de algunos minutos el señor Bowmer se giró hacia mí y dijo en voz baja con una expresión divertida:

—¿Está rico mi panecillo?

Como ocurre en las películas, de golpe todos dejaron de hablar y se volvieron hacia mí, para ver qué es lo que iba a pasar.

Todas mis inseguridades afloraron de golpe, empujándome a dar una respuesta de baja energía del extremo del Espectro de la Energía basada en el miedo. «Brenda, tú no sabes moverte en estos ambientes. El reloj que lleva el señor Bowmer cuesta probablemente más que tu coche. Da un paso en falso y destruirás tu carrera». Pero como sabía que tenía una elección, elegí dar una respuesta de alta energía. Y me pregunté cómo reaccionaría yo si hubiera nacido en el seno de una familia acaudalada o si no me sintiera tan insegura.

Respiré hondo.

—En vista de que no se lo comía, decidí hacerlo yo —bromeé dirigiéndole una gran sonrisa.

Y él se echó a reír, soltando incluso unas grandes carcajadas.

Todo el mundo respiró aliviado y retomaron las conversaciones mientras la atmósfera se relajaba. Yo había elegido la Zona del Poder del Espectro de la Energía: la valentía y no el miedo. En lugar de morirme de vergüenza y deshacerme en disculpas, hablé basándome en mi poder. Si hubiera dejado que el miedo se apoderara de mí, habría tartamudeado, me habría disculpado, me habría sentido incómoda el resto de la cena y habría perdido un montón de oportunidades.

Una de mis amigas usó de manera convincente el Poder Exponencial de la Energía en las relaciones. Susan llevaba doce años felizmente casada y tenía dos hijos. Antes de conocer a su marido había roto con Tom, un chico que había conocido en la universidad, de una manera desagradable y repentina. Habían estado saliendo durante cinco años, pero al final los dos, frustrados y enojados, habían decidido dejarlo correr sin decirse algunas cosas importantes. Sin embargo, en algunas ocasiones ella se acordaba de Tom y se preguntaba qué estaría haciendo y si sería feliz. La reunión de antiguos alumnos para conmemorar que habían pasado veinticinco años se estaba acercando y Susan se apuntó a ella con nueve meses de antelación para ver a Tom y dar por terminada de alguna manera la relación que había mantenido con él, aunque su nombre no figurara en la lista de los que iban a asistir. Mientras volaba de Washington a Wisconsin para celebrar el acontecimiento, estableció la intención de «crear solo un espacio para entrar en contacto con él». Es decir, hizo un pedido a la tienda cósmica sin preocuparse por cómo se realizaría. Simplemente se concentró en lo que quería.

La reunión duró de las tres de la tarde a las once de la noche y asistieron a ella 1.500 exalumnos. La primera persona que Susan vio al entrar al edificio fue a Tom. En un acontecimiento de ocho horas de duración que se celebraba en una sala llena de gente y con muchas puertas, ¿cuántas posibilidades tenía Susan de encontrar a Tom con tanta rapidez? Ella había dejado que el Campo hiciera el trabajo por ella.

Cuando actúas en la Zona del Poder, el tiempo convencional no existe y tu habilidad para crear depende solo de tu imaginación. Puedes manifestar al instante lo que deseas. El Campo se mueve rápidamente cuando todo está en sincronía. Susan envió su intención al Campo y logró sin problemas lo que tanto deseaba: terminar de forma adecuada aquella relación. Aunque no hablaron en detalle de su separación, fueron amables el uno con el otro y aceptaron con una actitud positiva el rumbo que sus vidas habían tomado. Tom quería seguir siendo amigo de Susan y la invitó a ir a conocer a su esposa y a sus hijos, pero ella se sintió satisfecha con la conversación que habían mantenido y no sintió la necesidad de renovar su amistad. Ahora veía con claridad que con el tiempo había idealizado esa relación, y que lo que les había sucedido era lo mejor para ambos. Aquello que buscas te está buscando a ti. Aplica el Poder Exponencial de la Energía en tu vida.

Del Agujero Negro a un Gran Avance

Quizá te preguntes cómo acabó el enloquecedor día que he descrito al principio del capítulo. Vamos a retomarlo donde lo he dejado. El buzón de voz estaba lleno y mi teléfono no dejaba de sonar. Sabía que entre los mensajes que la gente me había dejado habría un par de situaciones urgentes. Sabía que estaba afrontando uno de esos días que me superan. «¿Cómo voy a terminar todo lo que me queda por hacer? Solo hace dos horas que he salido de casa y la situación se me está yendo ya de las manos. ¿Tendré tiempo para preparar los gráficos de la presentación? ¿Para ir a buscar a la tintorería el traje que me da buena suerte? Si no consigo llevar el coche al concesionario antes de irme, la garantía expirará. ¿Cuándo puedo llevarlo? He de hacerlo todo hoy. ¿Y si se estropea cuando ya no lo cubra la garantía?».

Sabía que podía dejar de descender al Agujero Negro si hacía unas elecciones de alta energía que me sacaran al instante de él llevándome de nuevo al Campo.

Primero silencié todo aquel barullo que había en mi mente y fui a la zona neutra del Espectro de la Energía. Al hacerlo pude ver la situación con más claridad y acceder de una forma más directa al Campo. Y después comprendí que debía dejar de Darle Vueltas al asunto. Silencié mi cháchara mental y repasé las dificultades que estaba afrontando para poder tomar unas buenas decisiones. La farmacia estaba de camino, así que podía comprar la medicina al volver a casa. Llamé para que me confirmaran que estaría abierta hasta muy tarde. Respiré hondo y comprendí que debería prescindir de los gráficos en la presentación. También me di cuenta de que mi coche funcionaba a la perfección. Solo tenía que llevarlo a hacer la última revisión antes de que la garantía expirara. Respiré hondo de nuevo y decidí no llevarlo al concesionario. Al estar mi mente ya más calmada, pude terminar el contrato de Londres al concentrarme totalmente en él, y no perdí más energía preocupándome por todas las otras cosas que debía resolver.

Media hora más tarde el ordenador se bloqueó, pero milagrosamente no perdí la presentación que había guardado en él. De pronto, el vicepresidente de *marketing* fue a verme a mi despacho e hizo que mi presentación pareciera cinco veces más profesional de lo que era en solo varios minutos. En el trabajo hice todo cuanto necesitaba llevar a cabo, me ocupé de los recados pendientes y llegué al aeropuerto a tiempo. Mi presentación fue todo un éxito. La semana siguiente llamé al concesionario. La garantía había expirado dos meses antes, pero el mecánico sabía que yo trataba muy bien el coche. Me renovó la garantía porque siempre que le había llevado el coche había elegido la opción de alta energía de hablar un poco con él para que me conociera, en lugar de ocuparme solo del papeleo en la sala de espera.

Cuando fluyes con el Campo, puedes darle la vuelta a los días estresantes que empiezas con mal pie.

RESUMEN

- Los «días buenos» y los «días malos» dependerán de las elecciones que hagas.
- Hazte responsable de tus actos. La vida tiene altibajos. Tú creas la cualidad de tu vida con las elecciones que haces, y tu poder se basa en aprender a moverte por los altibajos de la vida, en lugar de intentar eliminar, ignorar o controlar los momentos difíciles.
- Las cuatro elecciones de baja energía (Agradables Rutinas, Darle Vueltas a un asunto, Girar en Círculo y los Imanes) te llevan a la Zona del Miedo y al Agujero Negro.
- Entra en la zona neutra del Espectro de la Energía para detener el impulso negativo que has tomado y hacer unas elecciones de alta energía.

- Las cinco elecciones de alta energía (No Juzgues, Anímate, Sintoniza, Observa, Conecta con la Verdad y Cree) te llevan a la Zona del Poder y a un Gran Avance.

- Familiarízate con el Espectro de la Energía. Al abandonar la zona neutra del mismo para ir hacia una u otra dirección, o bien aceleras el impulso del descenso al miedo, a la fuerza y al Agujero Negro, o bien aceleras la potencia de tu ascenso al valor, al poder y a un Gran Avance.

- No dejes que la triple amenaza te impida hacer lo que deseas. Ten cuidado con estas limitadoras ideas:
  - Tú tienes el control
  - No puedes ser tú mismo
  - Has de ponerte siempre en último lugar

- Con el tiempo, a cada elección de alta energía que hagas, tu vida se expandirá de manera exponencial. El Poder exponencial del Campo se convertirá en el poder de la victoria. Este proceso es acumulativo, y, cuanto más a menudo hagas esta clase de elecciones, con más fuerza y rapidez crearás unos resultados cada vez más poderosos y un Gran Avance.

La Zona del Miedo y las cuatro elecciones de baja energía

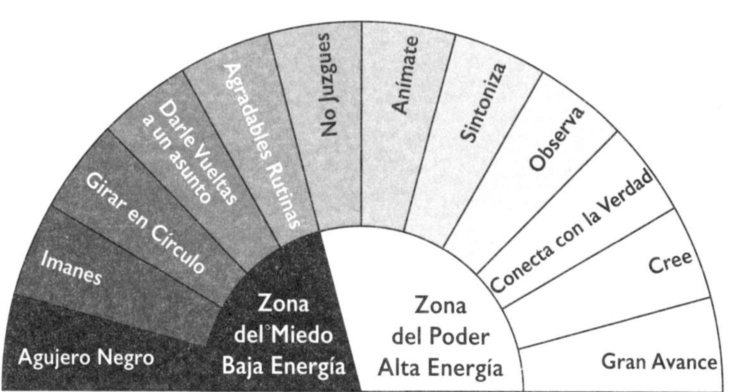

3

Agradables Rutinas

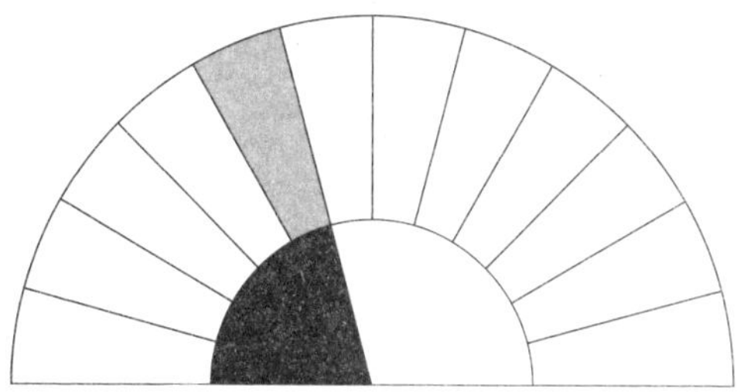

¿Has deseado sinceramente alguna vez cambiar algún aspecto de tu vida, y por más que lo has intentado has seguido encontrándote con los mismos obstáculos o cayendo en las mismas pautas de conducta? Te ocurre porque, al instalarte en una serie de Agradables Rutinas durante toda tu vida, estas se han acabado almacenando en las profundidades de tu subconsciente. Los cambios externos no servirán de nada hasta que saques aquellos mundos a la luz. La siguiente historia, que trata de una de las Agradables Rutinas de mi vida a la que más acostumbrada estaba, quizá te ayude a afrontar las tuyas.

Mi tío Art conducía el coche a toda velocidad camino del hospital mientras yo estaba inclinada hacia delante agarrándome al salpicadero para intentar respirar. Mis labios se estaban amoratando y mi tío superó el límite de velocidad esperando que la policía se fijara en él y nos escoltara hasta el hospital para poder llegar antes. Al desmayarme vomité en el asiento del pasajero. Por primera vez pensé que no iba a contarlo.

Había suplicado e insistido a mis padres que me dejaran ir de *camping*. Quería con toda mi alma ser una niña normal. Viajar en coche al Blue Lake con mi tío Art y mis tres primos había sido uno de los momentos más felices de mi vida. Pero cuando acababa de meterme en el saco de dormir, empecé a tener un ataque de asma. Intenté controlarlo deseando que se me pasara. Pero no fue así. Estuve luchando contra él toda la noche, y a primera hora de la mañana fui a despertar a mi tío para decirle que necesitaba ir al hospital. Apenas podía respirar.

Tardamos más de una hora en llegar al hospital más cercano. Las enfermeras y los camilleros se pusieron a hacerle preguntas a mi tío a gritos, pero él no sabía responder a ninguna. Estoy segura de que estaba muerto de miedo.

—¡La inyección! ¡La inyección! ¡La inyección! —intentaba decir yo esforzándome para que las palabras salieran de mi boca, señalándome frenéticamente el brazo. Me sujetaron los pies y brazos con correas. Cuando me obligaron a acostarme, me resistí con todas mis fuerzas porque en esta postura me costaba más aún respirar.

—Brenda, intenta mantenerte despierta —me dijo el camillero.

La enfermera llegó corriendo con una jeringuilla de adrenalina. Al ver la aguja sonreí por dentro. Cuando el fármaco entró en mi organismo, sentí calor y un hormigueo por todo el cuerpo. Ya iba todo bien. Pronto podría volver a respirar. Al recobrar el conocimiento, vi que mi tío tenía tan mala cara que parecía estar enfermo. El camillero me estuvo sosteniendo la mano hasta que papá llegó al hospital; al verlo entrar me sentí segura. Llena de adrenalina, pero todavía muy débil, le pregunté incorporándome:

—¿Cuándo puedo volver al Blue Lake?

Cuando no puedes hacer algo tan básico como respirar, todo lo demás es secundario. En la vida o en el trabajo no hay ningún drama que pueda equipararse a esta experiencia.

La habilidad para mantener la calma en las situaciones extremas me fue muy útil en mi cargo de directiva y para ganar en las competiciones deportivas. En el ámbito profesional me conocían por ser una mujer capaz de afrontar las situaciones más difíciles sin inmutarme y saber restablecer el orden. Me convertí en una mediadora sumamente eficaz, ya que podía distanciarme de las distintas posturas y concentrarme en lo que percibían y comunicaban las personas implicadas. Cuanto más volátil era la situación, mejor la manejaba yo.

En los retos que afrontaba en mi trabajo buscaba los problemas insuperables porque me parecían insignificantes comparados con las situaciones a las que había sobrevivido de niña. Me convertí en una experta en leer los niveles de ansiedad de los demás y en intuir lo que estaban pensando. Y como sabía cómo distanciarme del miedo y de mí misma y convertirme en una espectadora objetiva, me resultaba fácil entrar en nuevas oficinas, nuevas regiones y nuevos puestos de trabajo y ejercer rápidamente un impacto en ellos. Nunca se me ocurrió sentir miedo.

AGRADABLES RUTINAS

El hecho de que algo te resulte familiar no significa
que sea la forma más poderosa de utilizar tu energía.

Buscar retos ha sido toda mi vida una importante y Agradable Rutina, y también tengo muchas otras de menor importancia, como mantener mi escritorio y mi hogar ordenados y empezar el día con una taza de café muy bien hecho. Para poder identificar las Agradables Rutinas que hay en tu vida, empieza reconociendo las más pequeñas, así las más importantes se revelarán por sí solas. ¿Pides siempre una ensalada César para almorzar? ¿Eliges la misma clase de amigos? ¿Lees las mismas secciones del periódico cada día, empezando por la de los deportes? ¿Has llevado el mismo corte de pelo durante los últimos diez años? Eliges Agradables Rutinas porque sabes moverte por ellas. Tus Agradables Rutinas son como unos patrones que sigues inconscientemente en tu vida. Sin darte cuenta eliges hacer aquello que te mantiene en un territorio familiar. Y aunque el lugar al que estás acostumbrado no sea el más sano en el que permanecer, es el único por donde sabes moverte. A menudo los amigos, la familia y los compañeros de trabajo los reconocen antes que tú porque no se han implicado emocionalmente con esa clase de mundos. Hasta que no seas consciente del proceso que sigues, siempre elegirás moverte por un mundo conocido antes que por uno desconocido.

Una Agradable Rutina no es ni buena ni mala. Solo has de advertir cuándo ha dejado de servirte. Y en algún momento (a menudo hacia los 40) tus Agradables Rutinas dejan de funcionarte y se convierten en unos obstáculos para tu plenitud y felicidad. En realidad, te hacen pasar unas temporadas cada vez más largas en el Agujero Negro. Cuanto más te cueste abandonarlas, más ancladas estarán esas Agradables Rutinas en los acontecimientos del pasado, y menos inclinado te sentirás a conectar con lo que está sucediendo en el presente. Para conectar con todo el poder del Campo, debes volver a definir tus Agradables Rutinas.

Una Agradable Rutina puede consistir en un estado mental, como considerarte una víctima, o en estar enojado con el mundo. O también en una conducta tan anodina como hacer que la gente de tu alrededor ría y se sienta cómoda, o en la tendencia a eludir los conflictos. El patrón que has ido siguiendo toda tu vida puede revelarse en la persona (o en las personas) con la que te casas, en la relación que mantienes con tus hijos, en el papel que desempeñas en el trabajo, o en la incapacidad de ver tu propia belleza porque usas una talla 48. ¿Tienes algún amigo que se dedique a hacer todo el tiempo el payaso en clase o que intente salir siempre con chicas que no están disponibles? Nueve veces de cada diez vivimos con el piloto automático puesto y nos sentimos atraídos por los mundos que conocemos, aunque en el fondo no seamos felices en ellos.

¿Por qué cambiar?

Al entrar en una Agradable Rutina al principio sientes un instantáneo alivio. Conoces muy bien ese paisaje. Sabes moverte por el accidentado terreno, las llanuras y los atajos que hay en él. Aunque tal vez ni siquiera te guste ese territorio, has aprendido a desplazarte por él.

Algunas Agradables Rutinas son inocuas, pero siempre ocultan alguna necesidad. En cambio, con las menos sanas, después de sentir el temporal alivio que te producen, empiezan a surgir en ti una serie de emociones que te revelan que, aunque creías estar progresando, en realidad no es así. Sientes que te falta algo. Sabes que estás atrapado en una Agradable Rutina porque, por más que intentes variarla, ya sea andando con un paso más ligero o tomando un atajo, siempre estás en el mismo sitio. Puedes llegar a volverte loco en ella.

A muchos nos gusta trabajar bajo presión y creemos que hacerlo nos ayuda a mantenernos concentrados. Pero ¿has hecho alguna vez una rápida evaluación de la que después te has arrepentido? ¿O has llevado a cabo un proyecto que ha resultado ser de una calidad inferior a la que tú querías por falta de tiempo o de energía? Quizá ni siquiera te haya gustado trabajar bajo presión. Pero si intentas cambiar, lo más probable es que ni tu mente ni tu cuerpo te hagan caso, porque están programados para funcionar de ese modo. Te retrasarás y dejarás el trabajo para más tarde, y al final conseguirás recrear la presión que en el fondo anhelabas sentir.

Tal vez emocionalmente desees salir de esta Agradable Rutina, con cada fibra de tu ser. Pero no pareces conseguirlo. Si te da la sensación de estar atrapado, si has perdido la pasión o la chispa que había en ti, lo más probable es que te encuentres en una Agradable Rutina. Si en tu vida estás muy ocupado e implicado, pero sigues aburriéndote y sintiéndote poco inspirado, significa que estás en una Agradable Rutina. Y si cumples con tus obligaciones y te mantienes al día, pero te falta entusiasmo y pasión, también quiere decir que estás atrapado en una Agradable Rutina. Aunque creas estar intentando cambiar, no lo conseguirás hasta que reconozcas cuáles son tus Agradables Rutinas y empieces a abandonarlas.

A veces solo te das cuenta de estar en una Agradable Rutina cuando las cosas empiezan a irte mal. Esta situación ocurre porque la forma en que habías estado actuando no era útil para los propósitos más importantes de tu vida. Cuando abandonas una Agradable Rutina, tienes la oportunidad de dar un gigantesco paso en tu vida. Al igual que una serpiente que muda de piel, estás preparado para crecer. Tu antiguo estilo de vida te ha funcionado hasta ahora, pero ha llegado el momento de ensancharlo. Parafraseando a Anaïs Nin: «Llegó el día en que el riesgo que corría permaneciendo apretujada dentro de un capullo era más doloroso que el de florecer»[1].

Al haberme acostumbrado a vivir en el caos, siempre buscaba afrontar nuevos retos, ganar más dinero, obtener otro ascenso. Cuanto mayor era el reto, más grande era el impulso que me producía. Cada vez que lograba en el trabajo algo que parecía imposible, mis jefes me subían el listón, y cuando ellos no lo hacían, me lo subía yo. Deseaba sentir el subidón de adrenalina al que me había enganchado.

Pero un día este modelo dejó de funcionar en mi vida. Una mañana al despertar comprendí que me había concentrado tanto en seguir en el mundo que yo conocía que ni siquiera sabía si era feliz con mi trabajo o mi vida. Sin embargo, lo que sí sabía era que había perdido toda mi pasión.

Si no abandonas la Agradable Rutina en la que estás atrapado, puedes acabar Girando en Círculos, y esta situación puede llevarte a un Imán (hablaré de ello en los capítulos 5 y 6). En cambio, cuando exploras un nuevo territorio, vuelves a sentirte interesado y a participar en la vida con más intensidad. Recuperas la pasión que habías perdido, y tal vez te reinventes a ti mismo y vuelvas a definir quién eres con relación a tu familia, los amigos, el trabajo, los clientes y los compañeros de trabajo. Dejas entrar en tu vida a unas personas, ideas y situaciones nuevas que antes, cuando estabas en tu Agradable Rutina, habrías rechazado o no te habrías imaginado llegar a conocer. Pero para experimentar este nuevo éxtasis a veces debes abandonar el patrón que se ha creado en tu vida.

La antigua forma de actuar

La mayoría de la gente cae en una rutina. Planea su vida y avanza en ella en apretadas filas, sin tan siquiera evaluarla, a no ser que sufra un importante incidente, como una muerte, una desgracia o una crisis de identidad. A veces, cuando vives en una Agradable Rutina, acaba pareciéndote irreal y se convierte en un mundo nebuloso. Muchas de tus Agradables Rutinas las creaste en la infancia para sentirte seguro. Y es muy probable que en tu vida haya muchas de ellas y que solo las abandones cuando te hagan sufrir demasiado.

La antigua forma de actuar es más dramática. Crea víctimas. Siempre tienes la oportunidad de expandir tu vida, pero hasta que no te des cuenta de ello, seguirás viviendo con unas ideas como:

- La vida es dura.
- Sin sacrificio no hay beneficio.
- A no ser que le dedique mucho tiempo a esta actividad, no cosecharé los frutos de mi esfuerzo.
- Ya disfrutaré de la vida cuando me jubile.

La mayoría de las decisiones que tomamos están motivadas por el deseo de sentirnos seguros y tenerlo todo bajo control. Y al estar familiarizados con una situación, creemos poder controlarla. Con ello no estoy diciendo que la vida a veces no sea difícil o que no hagas todo lo posible para que te vaya bien, pero cuando ves que no te funciona, es el momento de abandonar tus Agradables Rutinas.

La nueva forma de ser

Como ya te he indicado, a veces te costará reconocer cuáles son tus Agradables Rutinas. En algún punto de tu vida te ocurre que lo que te había estado funcionando hasta ahora ya no te sirve. En algunas ocasiones vas cambiando poco a poco, y en otras es un gran acontecimiento el que te transforma de golpe. Quizás hayas de Girar en Círculos en varias ocasiones antes de poder abandonar por completo una Agradable Rutina. En mi caso, las metas que me fijaba eran cada vez mayores, me obligaban a manejar unos niveles cada vez más altos de adrenalina. Pero después de lesionarme la rodilla esquiando, tuve que quedarme en cama dos semanas y luego llevar la pierna derecha escayolada, desde la cadera hasta el tobillo, durante tres meses. Por primera vez en toda mi vida tuve que quedarme inmovilizada en casa sin poder hacer nada.

Pero até cabos. Y al hacerlo pude reconocer el caótico patrón que había creado a lo largo de mi vida, y abandonarlo. Si sigues los siguientes pasos, no necesitarás afrontar un gran cambio en tu vida para darte cuenta de ello:

1. Cuando las cosas no te funcionen, advierte qué es aquello a lo que te has acostumbrado en tu vida

¿Las cosas no te funcionan por más que lo intentas? Identifica qué es lo que se repite a lo largo de tu vida. Aquí es donde se encuentra la pregunta y la respuesta. Muchos de nosotros nos sentimos atraídos siempre por la misma clase de pareja o de cónyuge, y aunque salgamos con distintas personas, la relación siempre acaba de la misma forma. Quizá tengas una amiga que siempre tiene jefes tiranos. O conozcas a un hombre que sale todo el tiempo con mujeres que acaban dejándole por otro. A lo largo de los años has visto cómo esta maravillosa persona salía con distintas mujeres que, aunque parecieran ser distintas, en el fondo eran iguales. No sabe que sigue volviendo a visitar sus Agradables Rutinas.

Tal como ilustra la historia del inicio del capítulo, los acontecimientos importantes de la infancia son los que suelen definir cuáles serán nuestras Agradables Rutinas. ¿Por qué algunas mujeres eligen siempre a hombres que no quieren comprometerse con ellas? ¿Y por qué algunos hombres eligen siempre a unas mujeres infieles sin proponérselo, si lo que desean es mantener una relación sentimental estable? Aunque lo deseen con toda su alma, al sentirse atraídos por lo que les resulta familiar, no logran conseguir lo que quieren.

Sin duda has podido ver un fenómeno parecido en tu vida. Pero no te culpes por ello, ya que tu forma de actuar según una Agradable Rutina suele ser consecuencia de la necesidad de sobrevivir y en el pasado te funcionó. Aunque yo me sienta muy agradecida por el asma que sufrí en la infancia, reconozco que también creó una Agradable Rutina que hizo que mi vida fuera tan intensa que al final me aburría cuando dejaba de serlo. Y cuando empecé a construir mis relaciones y mi actividad profesional para recrear este nivel de intensidad, dejó de ser un mundo sano para mí y de servirme.

VIVIR EN EL CAMPO CUÁNTICO

¿Qué es lo que crees que no funciona en tu vida?

¿Qué es lo que te resulta familiar de esta situación?

¿Qué Agradables Rutinas reconoces en tus relaciones, en tu familia y en el trabajo?

¿Cuáles son las Agradables Rutinas que han dejado de servirte?

Si no puedes ver cuáles han dejado de servirte, ¿tienes algún amigo, familiar o consejero que pueda ayudarte a verlas?

2. Concéntrate en lo más importante

Puede que a menudo ni siquiera te des cuenta de que tus Agradables Rutinas, como tus viejas zapatillas de tenis preferidas, no te están dando el apoyo que necesitas. Cuando estás atrapado en una Agradable Rutina, significa que tienes un punto flaco, aunque no suelas verlo hasta que estás preparado para abandonar este mundo. Descubre cuál es tu punto flaco. Un amigo, un terapeuta, un maestro, un tutor o un jefe pueden señalártelo, si dejas que lo hagan.

Otra forma de averiguarlo es preguntándote: «Si pudiera eliminar todo el miedo que me provoca esta situación, ¿qué desearía hacer? ¿Qué haría si estuviera en un mundo perfecto en el que no estuviera preocupado por la posición social ni por la economía?». Al eliminar las cosas secundarias de tu vida, descubres qué es lo más importante para ti. No puedes esperar recibir de alguien algo que tú no puedes darle. Si tu hijo está consumiendo drogas y alcohol para evadirse, pregúntate cómo estás evadiéndote tú en tu vida. Si en el trabajo no estás al día porque tu jefe no te da los medios necesarios, consíguelos por tu cuenta. Si siempre acabas sintiéndote atraído por parejas que no quieren comprometerse contigo, quizá signifique que tú tampoco deseas comprometerte en algún sentido.

Yo siempre elegía a hombres que no me correspondían porque a mí me resultaba más fácil y seguro ser yo la que intentara que la relación funcionase y la que hiciera todo lo posible por conseguirlo, porque era el mundo al que me había acostumbrado. Me había identificado con el papel de no ser correspondida. Cuando Laurie, mi mejor amiga, me preguntó por qué me atraían esta clase de hombres, comprendí que se debía a la relación que había mantenido con mi padre de pequeña, ya que él estaba siempre ocupado teniendo que trabajar en dos empleos distintos para poder pagar mis facturas médicas. Y cuando usaba toda mi energía para manejar el caos que creaba en mi vida al intentar mantener una relación con un hombre que no me correspondía, yo también me volvía entonces inasequible.

VIVIR EN EL CAMPO CUÁNTICO

Elige una Agradable Rutina que no te esté funcionando.

¿Cómo es este patrón familiar?

¿Qué es lo que te recuerda? ¿En tu infancia hacías algo parecido?

¿Ves en tu vida alguna clase de patrón?

3. Da el siguiente paso

Una vez que dejas de apegarte a una Agradable Rutina, tanto tú como ese mundo empezáis a cambiar. Al ser consciente de él puedes hacer elecciones de alta energía, pero tendrás que actuar para conseguirlo. Visualiza cómo deseas que sea tu nueva vida. ¿Qué pasos has de dar para que se haga realidad?

En una ocasión formé parte del consejo directivo de una organización comunitaria en la que también trabajaba Jenna, una mujer que nos volvía locos a todos. Siempre tenía una expresión increíblemente desagradable en el rostro, discutía con nosotros con frecuencia y le encantaban las peleas. Era toda una experta en presionar a los demás, y sacaba a relucir los temas de las reuniones fuera de ellas para conseguir más apoyo. Era una mujer taimada que siempre procuraba dividir a los demás.

La buena noticia sobre una mente como la suya es que necesitamos tener esta clase de mentalidad para remodelar las cosas. Los pensadores críticos ayudan a que una buena situación se convierta en mejor aún, pero Jenna llevaba este rasgo suyo demasiado lejos. Yo sabía que en el fondo lo hacía porque era su Agradable Rutina. En una ocasión me puse a charlar con ella y le pregunté por qué actuaba de aquel modo. Jenna me contó que era una persona bastante infeliz y muy insegura, y que se iba al otro extremo para compensarlo. No era consciente de lo negativa que era su influencia en nuestro comité directivo, y al darse cuenta empezó a comportarse de otra forma.

En la siguiente reunión que mantuvimos cambió por completo de actitud. En lugar de mostrarse dura y polémica, resolvió de manera brillante el problema que teníamos abordándolo de otra manera. Los demás no salíamos de nuestro asombro. Estábamos acostumbrados a que nos echara por el suelo nuestras ideas en lugar de ofrecernos una solución. Todo el mundo se quedó sorprendido del cambio tan positivo que había hecho. Sin embargo, a la siguiente reunión Jenna volvió a caer en su Agradable Rutina. Eso es lo que hacemos, entrar y salir de ellas. A veces das un paso hacia delante, y otras, un paso hacia atrás. Pero lo más importante es darte cuenta de ello siempre que puedas.

VIVIR EN EL CAMPO CUÁNTICO

¿Qué paso puedes dar para abandonar una Agradable Rutina?

¿Cómo recuperarás tu pasión y mejorará tu vida al darlo?

4. No te eches atrás

Tu decisión de cambiar el programa que has estado siguiendo toda tu vida es importante. Pero antes de abandonarlo sentirás una cierta tensión. No estarás acostumbrado a esta nueva forma de ser, y quizá te descubras actuando para intentar regresar a tu familiar Agradable Rutina de más baja energía. Los psicólogos Gay y Kathlyn Hendricks dicen al respecto: «En nuestro trabajo, hemos observado que la gente crea a menudo un conflicto justo cuando está a punto de efectuar un gran avance creativo»[2]. Cuando las cosas nos van demasiado bien, encontramos la forma de reducir nuestros buenos deseos al mundo que nos es familiar. Cuanto mayor es la lucha que implica, más nos aferramos a nuestra Agradable Rutina.

Ten en cuenta que los demás se acaban acostumbrando a tus Agradables Rutinas, y que, cuando empieces a hacer unos cambios en tu vida, tardarán un poco en responderte a este nuevo nivel. Algunos no creerán que realmente hayas cambiado, y otros preferirán que sigas en tu Rutina de siempre, porque encaja perfectamente con la suya. Por ejemplo, el talento de Jenna para sembrar el caos en las reuniones me permitía a mí ser en ellas la voz de la razón, y a otros, echarse atrás o quejarse de que nadie apreciaba sus ideas.

Cuando abandonas una Agradable Rutina, estás animando a todas las personas que hay en tu vida a abandonar las suyas, ya sea con tu inspirador ejemplo, o porque vuestras Agradables Rutinas son interdependientes y tú has alterado esta interacción. En muchos casos el sistema de una familia se transforma por completo al cambiar uno de sus miembros, aunque a algunos de ellos pueda no gustarles. Pero no dejes que el malestar de los demás te impida hacerlo.

VIVIR EN EL CAMPO CUÁNTICO

Si decides abandonar tu Agradable Rutina, ¿cómo afectará a los demás?

¿Quién puede sentirse amenazado por tu deseo de abandonar tu Agradable Rutina?

¿Qué te ocurrirá si vuelves a ella?
¿Qué necesitas hacer para abandonarla?
¿Cómo puedes mantener este paso que das?

El nuevo programa de Dan

Como sé lo difícil que puede ser abandonar una Agradable Rutina, quiero compartir contigo esta inspiradora historia que demuestra el increíble resultado que puedes obtener al hacerlo. Cuando dejas atrás el mundo en el que has estado viviendo, puede ocurrir cualquier cosa. Dan, el amigo de una amiga mía, sentía que llevaba encima una pesada carga. Su vida era buena —en realidad era muy buena comparada con la vida de cualquier persona del montón—, pero él no era feliz.

Para Dan, su Agradable Rutina era la herencia irlandesa de abrirse paso en la vida trabajando duramente en ella. Su particular versión de este legado era el duro trabajo y la pesada carga que suponía la paternidad. Había trabajado como técnico en distintas compañías y el salario que cobraba no estaba nada mal, pero a él no le bastaba, porque quería que sus cuatro hijos fueran a la universidad. Intentó conseguir el mismo éxito empresarial que el alcanzado en Silicon Valley fundando una exitosa compañía, pero las cosas no le salieron como se había imaginado, ya que las tres veces que lo intentó perdió grandes cantidades de tiempo, dinero y energía.

Dan deseaba ser un buen padre, y al mismo tiempo ser feliz. La tecnología le apasionaba y había algunos nuevos avances a los que quería dedicarse, pero la carga de tener que trabajar a tiempo completo para dar a sus hijos el porvenir que quería se lo impedía. En 1985, mientras daba un paseo reflexionando en este dilema, tuvo una revelación: todos sus hijos eran muy inteligentes. Si deseaban ir a la universidad, encontrarían el modo de hacerlo. Él no necesitaba pagarles los estudios a los cuatro. Su mujer se ganaba bien la vida, y si dejara de trabajar, calculó que podían vivir con 19.000 dólares al año si recortaban los gastos.

Aquella noche habló de esta idea con su mujer y le confesó que lo que realmente quería era dedicarse a esta nueva tecnología llamada Internet. Dan creía que este campo estaba lleno de posibilidades comerciales, aunque no había ninguna garantía de que triunfara en él, y además no recibiría un sueldo fijo, al menos al principio.

Con el apoyo de su esposa, Dan les contó a sus hijos lo que pensaba sobre sus estudios universitarios y empezó a hablar con sus colegas de las ideas que tenía respecto al futuro de Internet. Al cabo de varios meses organizó una nueva exposición llamada Interop para reunir a líderes de la industria y hablar de negocios y de Internet. Empezaron a encontrarse cada año en San José, pero al cabo de pocos años el lugar se les quedó pequeño y se mudaron a Las Vegas. Dan se hizo famoso por visitar los puestos de los expositores desplazándose con patines y por conocer a todo el mundo. En 1990 la exposición tenía ya 200 casetas (algunas de las cuales se convirtieron más tarde en las primeras compañías basadas en Internet) y los visitantes habían ascendido a 20.000. Aquel mismo año Ziff-Davis Publishing compró Interop por la bonita suma de 25 millones de dólares.

Dan siguió trabajando en aquello que le apasionaba y fundó nueve compañías más, incluyendo una de las primeras tiendas virtuales que se crearon en Internet. Al final ganó más de 100 millones de dólares y recibió el apodo de «la madre de Internet». Gracias a su decisión de abandonar su Agradable Rutina, hoy tú y yo podemos navegar por Internet.

RESUMEN

- El hecho de que algo te resulte familiar no significa que sea la forma más poderosa de utilizar tu energía.
- Tus Agradables Rutinas son el patrón que sigues inconscientemente en tu vida.
- Una Agradable Rutina no es ni buena ni mala. Solo has de reconocer cuándo ha dejado de servirte.
- En un determinado momento (a menudo hacia los 40 años) tus Agradables Rutinas dejan de funcionarte y se vuelven un obstáculo para tu plenitud y felicidad. En realidad, te hacen pasar unas temporadas cada vez más largas en el Agujero Negro.
- El mayor problema de una Agradable Rutina es que te resulta tan natural y familiar que te cuesta reconocer cuándo estás en una de ellas. A menudo los amigos, la familia y los compañeros de trabajo lo reconocen antes que tú, porque no están tan involucrados con ella emocionalmente.
- Cuando abandonas una Agradable Rutina tienes la oportunidad de hacer un gran cambio en tu vida.
- Cuando las cosas no te funcionen, advierte a qué te has acostumbrado en la vida.
- Concéntrate en el verdadero problema.
- Da el siguiente paso.
- No te eches atrás.
- Al abandonar una Agradable Rutina estás animando a todos los que forman parte de tu vida a abandonar las suyas.

4

Darle Vueltas a un asunto

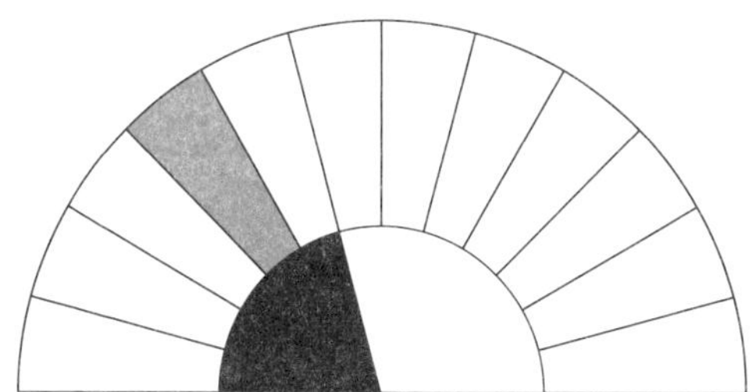

¿Has recordado alguna vez una situación una y otra vez convirtiéndola en mucho peor de lo que era? Cuando le Das Vueltas a algo, pensando en todos los «y si...», gastas mucha energía. Vas saltando del pasado al futuro y pasas muy poco tiempo en el presente. Haces que el «y si...» sea más real que la propia realidad. Mientras las Agradables Rutinas son a menudo inconscientes, el Darle Vueltas a algo es *muy* consciente. En realidad eres tú el que crea el hábito de preocuparte. El siguiente ejemplo es uno de los temas a los que más vueltas le di. Mi madre fue mi compañera de viaje en él.

Las dos estábamos muy preocupadas por mi padre. Hacía ya unos años que se había recuperado de un quíntuple *bypass*, pero volvía a tener problemas con el corazón. Los doctores no querían implantarle otro *bypass*, y la situación no era demasiado halagüeña. Como mi padre era doce años mayor que mi madre, siempre habíamos supuesto que moriría antes que ella, pero era una realidad que nos costaba mucho afrontar. ¿Qué decidimos? Hacer planes. Planeamos cómo íbamos a afrontar la muerte de mi padre. A las dos nos gustaba tomar las riendas de un asunto, y tratamos todos los temas que había por tratar, desde el efecto económico que esto tendría hasta dónde iría mi madre a vivir. Hicimos todo cuanto pudimos para prepararnos para algo que nos aterraba. Manteníamos estas conversaciones a espaldas de papá para no hacerle sufrir. Queríamos que siguiera manteniendo una actitud positiva.

Lo estuvimos haciendo durante siete años, pasando las vacaciones y muchos fines de semana hablando de esta eventualidad en lugar de vivir en el presente. Mamá, basándose en nuestras justificadas, aunque equivocadas, suposiciones sobre la muerte de papá, decidió también cambiar su estilo de vida. Dejó de tocar el clarinete en la banda de la comunidad y de participar en los viajes del coro de la iglesia. Pasaba todo el tiempo que tenía libre con papá, y aunque un par de veces intenté convencerla para que viajara conmigo a Europa, no quiso dejarlo solo.

Sin embargo, han pasado ya más de diez años y papá sigue fuerte como un roble. Es el mayor de trece hermanos y uno de los cuatro que aún viven. Mis amigas siguen refiriéndose a aquellos siete años como el tiempo que pasé «pendiente de la muerte de papá».

Aunque me alegraba conocer los deseos de mi madre y estar preparada para la muerte de mi padre, ahora comprendo que mi madre y yo elegimos darle vueltas a este tema y que en realidad no nos sirvió de nada. En lugar de disfrutar las dos de la vida y de nuestra mutua compañía, nos angustiamos mucho y gastamos una enorme cantidad de tiempo y palabras en una elección que sin duda era de baja energía.

Evocar mentalmente la misma situación y los «y si...» una y otra vez te desgasta y te lleva a hacer una elección de una energía más baja aún.

Darle Vueltas a un asunto te fatiga por algo que probablemente no llegará a ocurrir nunca. Cuanto más te entregas a esta clase de agotadora actividad mental, más te desgasta. El desfile de los «y si...» se vuelve más real y te cuesta más desconectar de él, y al final acaba arrastrándote y te aleja de lo que está ocurriendo en tu vida en ese momento. Por eso tu energía se divide, ya que, aunque estés físicamente en un lugar, te encuentras a miles de kilómetros y a días o semanas de distancia de él, porque mentalmente estás viviendo en el futuro. Y los demás, al sentir que tienes la cabeza en otra parte, pueden creer que tu negativo estado de ánimo va dirigido contra ellos y ponerse a su vez a Darle Vueltas al asunto para saber cuál pueda ser la razón. Esta contagiosa dinámica seguirá propagándose hasta que elijas abandonarla.

¿Por qué cambiar?

Analizar algo demasiado crea dramas mentales, distorsiona las percepciones y hace que proyectes tus problemas en la familia, los amigos y los compañeros de trabajo. En pocas palabras, Darle Vueltas a un asunto no es la mejor forma de emplear tu tiempo ni tu energía. Y también es una pérdida de energía para los demás si insistes en que escuchen tus ilusiones paranoicas. Piensa en algo a lo que hayas estado Dándole Vueltas haciendo enloquecer a quienes estaban a tu alrededor ya que no dejabas de pensar en ello. Quizá fue a causa de una cita que pareció irte mal. O de una decepcionante reunión de profesores. O de una presentación que no te salió como tú querías. Incluso puede que le hayas estado Dando Vueltas a la venta de tu casa, o preocupándote por tu hija adolescente, o por tus padres ya mayores. Te obsesionas con «Si hubiera hecho esto. Si hubiera hecho aquello». Pero ¿realmente te ayuda el pensar una y otra vez en lo mismo?

El miedo destruye. El drama de Darle Vueltas a algo produce unas reacciones químicas en el cuerpo y el organismo se va desgastando bajo la incesante presión a la que lo sometes. Al extenderse esta reacción negativa de la mente al cuerpo, el sistema inmunitario se debilita y lo expresa con cefaleas y problemas estomacales. ¿Conoces a alguien que se enferme siempre antes de hacer un importante viaje de negocios, o que siempre se eche atrás en las épocas estresantes?

Esto tiene su explicación. Candace B. Pert, autora de *Molecules of Emotion: The Science behind Mind-Body Medicine*, escribe: «Las moléculas de nuestras emociones están estrechamente ligadas con nuestra fisiología y son inseparables de ella. Son las emociones [...] las que vinculan la mente con el cuerpo»[1]. Cuando haces elecciones de baja energía, como Darle Vueltas a algo, tu cuerpo responde. Barb, una madre joven, le dijo a su vecina: «Ya verás, nos mudamos el sábado y Barry siempre se resfría al tener que hacer una mudanza». Y acertó, Barry estaba metiendo los muebles en el camión estornudando con una expresión abatida. ¿A ti también te pasa algo parecido? ¿Te resfrías después de haber estado trabajando mucho? ¿O te quedas afónico cuando estás a punto de hacer una importante presentación?

Cuando te dedicas a Darle Vueltas a algo, sales de la Zona del Poder para residir en el Agujero Negro, donde el drama que hay en tu mente se vuelve más real de lo que en realidad te está ocurriendo en ese momento. Por eso no ves muchas cosas de tu entorno que podrían ayudarte a resolver tu problema. Estás tan atrapado en la agotadora actividad de anticipar el futuro que para sentirte seguro empiezas a imaginar distintas situaciones: *Si me pasa esto, actuaré de este modo. Si me ocurre aquello, actuaré de ese otro.* Pero normalmente lo único que haces es Darle Vueltas al asunto sin llegar a ninguna parte y malgastar tu energía. El poeta Wendell Berry escribe sobre «la paz que irradia la naturaleza al no amargarse preocupándose por el futuro», una bella forma de expresar lo que los seres humanos no solemos hacer al Darle Vueltas y más vueltas a algo[2].

La antigua forma de actuar

La cultura occidental premia la actividad mental del hemisferio izquierdo del cerebro (las reglas, la jerarquía, las consecuencias). Estos controles exteriores hacen que nos resulte más fácil ignorar nuestra voz interior. A la mayoría de nosotros nos es más fácil actuar empujados por el miedo que hacerlo cuando nos sentimos satisfechos y seguros. Por eso somos propensos a la paranoia. El problema informático que ocurrió en el año 2000, conocido como efecto 2000, es un ejemplo a escala mundial de lo agotador que resulta anticipar el futuro, ya que nos conectó automáticamente con la Zona del Miedo. El cuñado de una amiga mía llegó al extremo de llenar el sótano de su casa con comida, agua y provisiones para tres meses pensando en los cinco miembros de su familia. ¿Conoces a alguien que sea como él?

Observa cómo la gente se pone a Darle Vueltas a algo cuando está reunida. La dinámica del grupo cambia al denominador común más bajo. Los miembros de tu equipo de trabajo hablan de los despidos en la empresa. En las reuniones familiares la conversación gira en torno a los problemas de los miembros ausentes. Con los amigos nos ponemos a cotillear. Cuando usas tu energía con una historia basada en el miedo y consigues que los demás te imiten, avivas la llama de Darle Vueltas a algo y puedes acabar creando un Imán (en el capítulo sexto hablo de él).

En cambio, si aprendes a no Darle Vueltas a aquello que te preocupa, lo afrontarás con más energía. Y también dormirás mejor. Ya que si te has llenado la cabeza con toda clase de estremecedoras situaciones, te costará conciliar el sueño y tu mente las sacará a relucir en el momento más inoportuno, como por ejemplo a las tres de la madrugada. La próxima vez que un compañero de trabajo haga un comentario catastrofista, resístete al incontenible deseo de meter cuchara y darle tú también vueltas. Dirige las conversaciones negativas sobre los miembros de tu familia hacia temas más positivos, y cuando estés con los amigos niégate a contribuir al cotilleo. Las elecciones de baja energía fomentan esa situación negativa, y entonces recibes a cambio menos energía aún.

La nueva forma de ser

Al Darle Vueltas a un asunto lo haces empujado por la obsesión y el miedo imaginándote lo peor que puede ocurrirte. En cambio, al actuar con una actitud abierta y positiva, optimizas tu poder. Cuando haces elecciones de alta energía, el nivel de tu miedo es muy bajo, y el de tu amor, muy alto. Con ello no quiero decir que al entrar en la oficina tengas que decirle a todo el mundo que le quieres, sino que al actuar movido por el amor en lugar de hacerlo por el miedo, la gente lo nota y se siente atraída hacia ti.

Las siguientes sugerencias te servirán para reducir este hábito. Si das estos pasos, también verás cuándo los demás se dejan llevar por él, evitarás imitarlos y les ayudarás a dejar de Darle Vueltas a algo, si es que desean hacerlo.

1. Sé consciente de estar Dándole Vueltas a algo

Algunas veces te das cuenta tú mismo del negativo diálogo mental que estás manteniendo, y otras ha de ayudarte alguien a verlo. Mi amiga Lauren, después de vivir una difícil separación (durante la cual veía a su ex cada día), tenía unos altibajos emocionales tan intensos y una desesperación tan profunda, que no podía llevar una vida normal. Una amiga suya le sugirió sabiamente que no intentara mentalizarse («¡Puedo hacerlo! La próxima vez que lo vea…»). Todo cuanto tenía que hacer era observar cómo iba evolucionando ella. Cada día lo primero que hacía al abrir su diario era dibujar un símbolo en él. Un círculo significaba la armonía y la conexión: que aquel día se sentía bien y fuerte interiormente, y que no había estado todo el tiempo Dándole Vueltas a la separación ni especulando acerca de «si hubiera hecho esto…, si hubiera conocido antes a mi marido…». Un cuadrado indicaba un día normal, aunque no demasiado bueno: quería decir que, aunque se había sentido mal y hecho algunas elecciones de baja energía, había logrado no caer en el Agujero Negro. Una espiral significaba que había estado Dándole Vueltas a la separación y que le había dolido el estómago: que aquel día se había deprimido y había estado haciendo elecciones de baja energía. Es decir, con el método de los símbolos no necesitaba recibir ninguna respuesta, lo único que tenía que hacer era observarse a sí misma. Este sistema la ayudaba a estabilizarse cuando el mundo entero parecía estar tambaleándose a sus pies. También la ayudaba a comprender qué es lo que la hacía Darle Vueltas a algo.

A veces es un amigo el que te ayuda a ver que le estás Dando Vueltas a un asunto. Hace varios años, durante un viaje de negocios, tuve problemas para dormir. Me sentía estresada porque habían comprado la compañía en la que yo trabajaba y los nuevos propietarios iban a hacer grandes cambios en ella. Cathy, una ambiciosa y competitiva compañera de trabajo, les había dado a entender que deseaba ocupar mi puesto. Aquella semana íbamos a tener muchas reuniones y yo necesitaba descansar bien por la noche para tener la mente fresca. Sabía que las sesiones del día siguiente no empezaban hasta las nueve de la mañana y quería aprovechar aquella ocasión para dormir un poco más. De hecho, en la cena todos comentamos lo contentos que estábamos de poder descansar un par de horas más. Imagina mi sorpresa cuando Cathy me despertó a las seis de la mañana para pedirme si podía prestarle mi cazadora porque quería salir a dar un vigorizante paseo para relajarse.

«¡Caray!», pensé. «¿Por qué no me la pidió ayer durante la cena? ¿Por qué me ha despertado para esto? Ya lo sé, quiere que me altere. Ella les dejó claro que quería mi puesto». Magnifiqué el incidente, me disgusté y empecé el día metida en el Agujero Negro. Cuando me reuní con Mindy, una compañera de trabajo amiga mía, para desayunar, y le solté la teoría conspiratoria que yo creía que Cathy tramaba, se echó a reír con tanta fuerza que estuvo a punto de salpicarme con el zumo de naranja que estaba tomando.

—Brenda, ¿te has vuelto loca? ¿Has perdido la razón? ¿Has oído lo que acabas de decirme? ¿Es que no se te ocurrió que Cathy podía estar estresada y, al no poder dormir, quiso salir a dar un paseo para relajarse? ¡Fíjate en lo que me estás diciendo!

Yo andaba tan baja de ánimos que me había apresurado a sacar una paranoica conclusión, pero no caí en ello hasta que mi amiga me la señaló. Comprendí que tenía razón y dejé al instante de Darle Vueltas al asunto. Lo más curioso es que al día siguiente, al hacer las maletas para volver a casa, me olvidé de la cazadora. El que me la hubiera dejado parecía simbolizar algo. Aprendí que ya no necesitaba aquel «Darle Vueltas innecesariamente a un tema» que la cazadora representaba.

VIVIR EN EL CAMPO CUÁNTICO

¿Conoces a alguien que acostumbre a Darle Vueltas a las cosas? ¿Qué sientes al estar cerca de esta persona?

Describe una ocasión en la que estuviste Dándole Vueltas a algo que ni siquiera era cierto o que no llegó a ocurrir.

2. Identifica qué es lo que desencadena en ti este estado
Cuando te pones a Darle Vueltas a algo, distorsionando tus percepciones y proyectando tus problemas en los demás, reconócelo lo antes posible. Si observas este hábito mental y reconoces qué es lo que lo desencadena, te sorprenderás. También estarás más preparado para dejar de Darle Vueltas al asunto, un síntoma que puede indicar que te encuentras en un lugar más oscuro del que crees.

Pongamos que un amigo no hace lo que te ha dicho que haría. Pensar: «Mi amigo no ha hecho lo que me prometió» puede derivar en: «Todos mis amigos me han fallado», e incluso acabar en: «Todo el mundo me falla. No debo de valer nada». Tal vez haya algún tema que te lo desencadene. Una de mis amigas bromea diciendo que sus temporales problemas económicos siempre degeneran en unas escenas en las que ella se ve convertida en una indigente vagando por las calles de Los Ángeles. Al advertir cualquier imagen catastrofista en tu mente, reconoce que has empezado a descender en una espiral de pensamientos negativos y que es el momento de detenerlos.

A continuación encontrarás algunos de los desencadenantes de nuestras preocupaciones usuales. ¿Cuáles son los que a ti te afectan?

- Envejecer
- Aspecto
- Profesión
- Amor
- Dinero
- Sexo
- Éxito
- Peso

3. Administra tu angustia

Cuando le Das Vueltas a algo, tu cuerpo experimenta los síntomas del estrés. Tu respiración se acelera y se vuelve más superficial, el pulso se te dispara, mueves las manos con torpeza y quizá empieces a sudar. Significa que estás a punto de caer en el Agujero Negro. Aunque intentes dejar de Darle Vueltas a ese asunto, los síntomas físicos que sientes te angustian. En estos casos hay quien se relaja caminando, corriendo, nadando o bailando, dispersando por el cuerpo la energía acumulada en la cabeza y sacándola.

Cuando yo me encuentro en este agitado estado, me recuerdo que el mundo es mucho más inmenso que yo o que la situación que me preocupa. Me digo a mí misma: «Que ocurra lo que ha de ocurrir. No necesito controlar la situación». Imagino que soy una mota de polvo en medio del universo, una parte de algo mucho más grande e inmenso que lo contiene todo, e intento recordar el lugar que ocupo en él. Y si este método no me funciona, me pongo a jugar a las «hecatombes»: magnifico al máximo mis miedos y hago que se vuelvan tan descomunales que entonces me dan risa en lugar de miedo. Antes de Darle Vueltas a algo, averigua qué es lo que te ayuda a relajarte.

VIVIR EN EL CAMPO CUÁNTICO

Cuando sientes que te estás preocupando por algo,
¿qué es lo que te ayuda a relajarte?
¿Qué es lo que en el pasado te ayudaba a hacerlo?

4. Analiza la realidad

Ilumina tu historia interior a la luz de la realidad. Pregúntate: «¿Estoy en lo cierto?». Todos estamos viviendo a un ritmo tan vertiginoso, haciendo tantas cosas y desempeñando tantos papeles en la vida, que nos resulta difícil hacerlo todo bien. Cuando inviertes tu energía mental en algo que podría ocurrir o que ya ha ocurrido, proyectas distintas situaciones y resultados en lugar de afrontar el presente, que siempre es el que más influye en el resultado. Cuando emprendes esos desesperados viajes mentales, pierdes tu poder.

Aunque yo escriba sobre estas ideas y las enseñe, en algunas ocasiones tampoco puedo evitar Darle Vueltas a algo. A veces tardo tres o cuatro días en descubrir por qué lo estoy haciendo. Y otras, meses. Este hábito mental tiene varias fases, depende de la intensidad de la situación y de lo que la haya provocado.

Cuando le Doy Vueltas a algo estoy distraída, porque tengo la cabeza en otra parte. Estoy repasando diferentes situaciones, causando una cadena de reacciones. Algunas mañanas descubro que he subido al coche y he ido con él a la oficina sin tan siquiera darme cuenta. Una tarde, al ir a buscar el coche al aparcamiento y meterme en el ascensor, me di cuenta de que no me acordaba de la planta en la que lo había dejado porque aquella mañana había estado Dándole muchas Vueltas a algo. Tardé veinte minutos en encontrarlo y llegué tarde a la cita que tenía concertada.

La energía que inviertes en la realidad también afecta al día que estás viviendo, aunque de una forma más positiva. En una ocasión estaba muy estresada porque había la posibilidad de tener que afrontar unos litigios en la empresa. Al subirme al coche para ir a trabajar, me di cuenta de que mi cuerpo manifestaba todas las reacciones físicas que el estrés y el miedo provocan. En lugar de aprovechar el viaje para Darle Vueltas al problema que me preocupaba, observé mi ansiedad y decidí hacer todo lo posible por ser consciente de que estaba conduciendo y de lo que ocurría a cada momento. Cuando estaba en la mitad del trayecto, descubrí que era la primera vez que me encontraba todos los semáforos en verde. Decidí concentrarme en ellos. Había preparado la ropa que necesitaba para jugar al golf por la tarde y me produjo una agradable sensación haberme acordado de llevarla. «Muy bien», me dije. «Estás presente. Te has acordado de la bolsa con la ropa». Al cabo de poco, al entrar en la oficina, me di cuenta de que me había llevado la bolsa en lugar de dejarla en el maletero del coche y sacarla cuando fuera a clase de golf. Había vuelto a desconectar de la realidad. Aunque no había logrado estar al cien por cien despierta, lo más importante es que estaba intentando hacerlo.

VIVIR EN EL CAMPO CUÁNTICO

Describe una ocasión en la que te desconectaste de la realidad al Darle Vueltas a algo.
¿Cuáles son las personas de tu vida que mejor te hacen volver a la realidad?
¿En cuál de ellas confías y a cuál sueles escuchar?

5. Deja de preocuparte y actúa

Si le estás Dando Vueltas a una situación real, seguramente ya sabes el siguiente paso que has de dar, y lo que realmente te está preocupando son los otros pasos que deberás dar a continuación. Pero lo más probable es que el siguiente sea un paso pequeño que puedas dar. Dalo. En la historia que te acabo de contar, el siguiente paso que di fue ponerme a trabajar en lugar de lidiar con la situación de los litigios. Descubrirás que dar ese paso en el momento adecuado te ayuda a reducir el estrés y la fuerza de tus cavilaciones.

A veces el siguiente paso que has de dar es reconocer cuál es tu miedo, aceptarlo, actuar lo mejor posible y liberarte de él. ¿Qué es lo peor que podría pasarte? Y si esto ocurriera, ¿cuál sería el resultado? Y si esto sucediera, ¿qué situación provocaría? Sigue en esta línea hasta que descubras qué es lo que más miedo te da.

A mi amigo Spencer lo despidieron de improviso, pero con esta técnica logró dejar de Darle Vueltas a la situación. Para él lo peor que podía ocurrirle es tener que vivir de sus ahorros hasta encontrar un nuevo trabajo. Si no encontraba un trabajo, no podría pagar el alquiler. Si no podía pagar el alquiler, tendría que irse a vivir con sus padres. Pero se le ocurrió que, si tenía que irse a vivir con sus padres, podía usar el sótano de la casa para recibir algunas clases y aumentar sus habilidades. Lanzó un gran suspiro. Sabía que tenía talento, que conseguiría otro trabajo, y que incluso en el caso de ocurrirle lo peor, la situación no era tan mala como había imaginado. Al darse cuenta de ello dejó de Darle más Vueltas, se puso manos a la obra y empezó a buscar un trabajo. Como quizá ya habrás adivinado, nunca llegó al extremo de gastar todos sus ahorros, de no poder pagar el alquiler del piso, ni de tener que ir a vivir a casa de sus padres.

VIVIR EN EL CAMPO CUÁNTICO

La próxima vez que le Des Vueltas a algo, ¿qué puedes hacer para dejar de preocuparte y decidir actuar?

6. No te aferres a lo que estás pensando

Sin duda habrás oído la famosa frase de Groucho Marx en la que un paciente dice: «Doctor, cuando hago esto me duele aquí», y el doctor le responde: «Entonces no lo haga». El caos de tu vida puede alcanzar varios niveles y tú lo vas afrontando de una manera u otra, dependiendo del nivel que sea. En algunas ocasiones eres capaz de no preocuparte por una situación que no te altera demasiado. Y en otras, al reconocer que le estás Dando Vueltas a un problema, puedes dejar de hacerlo en el acto. Uno de los secretos para no aferrarte a lo que estás pensando es entrar durante cinco minutos en la zona neutra del espectro de la energía gracias a No Juzgar la situación (en el capítulo 7 trato con más detalle este tema) y preguntarte: «¿Qué es lo más importante en este momento?» ¿Qué es lo que se te ocurre? Incluso al hacerte esta pregunta tu energía cambia, porque estás ya pensando en otra cosa en lugar de seguir Dándole Vueltas al asunto.

Estar con tus hijos puede ayudarte a ver el problema con una cierta distancia y a no aferrarte a él. Otras personas lo consiguen viendo una película, saliendo a pasear, yendo al campo, jugando con el perro, recibiendo un masaje, escuchando música o haciendo ejercicio. Si te descubres Dándole Vueltas a algo, haz alguna actividad que te relaje, centre y estabilice, porque una vez que caes en el Agujero Negro, te olvidas de que estas cosas existen. Una de mis amigas tiene un archivo en su ordenador titulado «En caso de emergencia, romper el cristal», que contiene todas las actividades que la relajan y centran.

La mayoría de nosotros estamos tan obsesionados por alcanzar lo que nos proponemos, que nos olvidamos de que el tiempo puede colapsarse y la realidad puede cambiar. Cuando te mueves con el campo cuántico, las antiguas reglas ya no se aplican y puedes crear resultados al instante. Mi amiga Mackenzie contrató a un informático muy económico para que le transfiriera al portátil los archivos que ella tenía en el ordenador, porque los necesitaba para el negocio que estaba poniendo en marcha en su casa. Cuando habló con él por teléfono, no le dio la impresión de que fuera un informático demasiado bueno, pero aquel joven ya había ayudado a otros clientes a transferir archivos. Sin embargo, Mackenzie empezó a inquietarse cuando tuvo que enseñarle a sacar la placa de detrás del ordenador, y se preocupó más aún al ver que no traía suficientes cedés para transferir los archivos.

Mackenzie se fue furiosa con el coche a la tienda más cercana para comprar más cedés. «Este tipo no tiene ni idea de informática. Probablemente voy a perder todos mis archivos. Si logra transferirlo podré llevar adelante el proyecto que tengo con mis clientes. Pero ¿y si no lo consigue?».

Mackenzie estuvo todo el trayecto sufriendo, y al descubrir que se había dejado el monedero en casa y tener que dar media vuelta para ir a buscarlo, se dio cuenta de su estado de ánimo y respiró hondo. «¿Por qué me estoy preocupando tanto por este pobre informático? Si solo está empezando, intentando sacar adelante la empresa que ha montado al igual que yo. Debería acordarme de lo incompetente que yo me sentía al emprender una nueva aventura». Al llegar a casa tomó el monedero, volvió a la tienda y compró los cedés. También adquirió un programa para transferir archivos por si acaso el informático fracasaba en su intento (fracasó). Mi amiga advirtió que el resto del día estuvo mucho más tranquila. Aunque tuvo que esperar una semana más para transferir sus archivos a causa de un problema técnico que tuvo con su nuevo ordenador portátil, encontró la forma de seguir trabajando con la empresa que estaba montando en casa, porque su mente estaba serena y relajada. Si no hubiera dejado de Darle Vueltas al asunto, quizás habría creado una realidad incluso más estresante aún.

Ten en cuenta, sin embargo, que aprender a dejar de Darle Vueltas a algo toma su tiempo. Aquel estresante día, cuando conseguí estar presente mientras me dirigía en coche al trabajo, no me detuve a pensar que solo había logrado estar presente a lo largo de tres semáforos. Advertí que estaban en verde y disfruté de esos momentos. Este progreso tan pequeño me produjo un gran alivio. Cuando estés traumatizado por algo que te haya pasado en la vida, pregúntate: «¿Estoy aprendiendo algo que aún no he visto Dándole Vueltas una vez más a la situación? ¡Qué doloroso me resulta! ¿Qué gano yo recordándola una vez más?». Ve dando pequeños pasos. Cuando hace poco tuve que esperar treinta minutos en la sala de espera de mi médico, noté por el pensamiento que me vino a la cabeza que estaba empezando a Darle Vueltas a la situación y lo cambié por el de: «Esta media hora que llevo esperando ha sido el único rato tranquilo que he tenido en toda la semana y pienso disfrutar de él». Y así lo hice.

VIVIR EN EL CAMPO CUÁNTICO

Describe una ocasión en la que, al dejar de Darle Vueltas a algo, lograste entrar en la zona neutra del Espectro.
¿Cuál es tu mejor método para entrar en ella?

Aterrorizando al mismo coco

Aunque ahora no te lo parezca, cualquier situación que conlleve una gran carga emocional te ofrece la oportunidad de entrar en la zona neutra del Espectro de la Energía. Advierte cuándo surge la primera reacción emocional fuerte. Reconoce cuándo tu respiración cambia o se detiene. En estas ocasiones te sentirás tenso, como si tuvieras un nudo en la garganta. Estos síntomas físicos son una pista para que entres en la zona neutra. Te costará hacerlo, y tal vez te dé la impresión de que solo puedes reaccionar de este modo, pero no es así. A medida que vayas aplicando estas ideas, irás reconociendo cada vez más la clase de ambientes que te llevan a Darle Vueltas a algo. La siguiente historia te ilustra cómo puedes cambiar la experiencia y el resultado de una situación al elegir no Darle Vueltas a un problema. Cuando hace poco fui en avión a Phoenix para asistir a una reunión, llegué un día antes para jugar al golf con un par de colegas. Madeline, una de mis compañeras de trabajo con la que solía tener problemas con regularidad, decidió organizar un torneo de golf ese día y coordinarlo a través del e-mail y por teléfono, pero no me lo comunicó ni me incluyó en él. De hecho organizó a las personas con las que yo iba a jugar para que lo hicieran sin mí.

Al enterarme, le envié un e-mail preguntándole qué es lo que pasaba. Ella me respondió con dos e-mails en tono muy encolerizado. En lugar de contestarle con un desagradable mensaje u obsesionarme con el incidente, tomé el teléfono y la llamé.

No se puso al teléfono.

Era una situación perfecta para Darle Vueltas. «¿Por qué Madeline está intentando hacerse con el control? ¿Por qué no quiere que juegue al golf con mis compañeros de trabajo? ¿Qué es lo que pretende? ¿Por qué está intentando presionarme?».

En lugar de seguir por este camino de baja energía, le dejé un mensaje amable en el contestador. Madeline no me devolvió nunca la llamada, pero lo más importante es que yo no le Di Vueltas al asunto, ahorrándome mucha energía.

En la reunión, al verme, Madeline me soltó enseguida: «¡Vamos a aclarar las cosas!». Pero como yo ya me encontraba en la Zona del Poder, en lugar de preocuparme y entrar en la Zona del Miedo, pude mantener una provechosa conversación con ella antes de tratar los temas de la reunión. Si hubiera elegido Darle Vueltas al asunto, habría implicado a mis compañeros, los demás habrían tenido que tomar partido por una de nosotras, y la situación se habría convertido en un drama. Pero al elegir no hacerlo, me ahorré un montón de angustia, pude jugar al golf y me lo pasé fenomenal.

RESUMEN

- Al Darle Vueltas a algo, gastas mucha energía yendo del pasado al futuro y pasas muy poco tiempo en el presente.
- Cuando le Das Vueltas a un asunto, te agotas al imaginar algo que seguramente no llegará a ocurrir nunca.
- Al sentir que tienes la cabeza en otra parte, los demás pueden creer que tu negativo estado de ánimo va dirigido contra ellos y ponerse a su vez a Darle Vueltas respecto a cuál puede ser la razón.
- Al analizar demasiado algo creas dramas mentales, distorsionas las percepciones y proyectas tus problemas en la familia, los amigos y los compañeros de trabajo.
- Al extenderse tu reacción negativa de la mente al cuerpo, tu sistema inmunitario se debilita y el organismo lo expresa entonces con cefaleas y problemas estomacales.
- Si aprendes a detenerte cuando estás a punto de Darle Vueltas a algo, podrás afrontar con más energía la situación.
- Sé consciente cuando estás Dándole Vueltas a algo. Algunas veces lograrás darte cuenta por ti mismo, y otras será otra persona la que te lo indique.
- Identifica qué es lo que desencadena en ti este estado. Quizá te encuentres en un lugar más oscuro del que crees. Al advertir cualquier imagen catastrofista en tu mente, reconoce que has empezado a descender en una espiral de pensamientos negativos y que es el momento de detenerlos.

- Administra tu angustia. En esos casos hay quien se relaja caminando, corriendo, nadando o bailando, dispersando por el cuerpo la energía acumulada en la cabeza y sacándola.
- Analiza la realidad. Pregúntate: «¿Estoy en lo cierto?».
- Deja de preocuparte y actúa. Probablemente ya sepas el siguiente paso que has de dar; en realidad lo que te está preocupando son los otros pasos que deberás dar a continuación.

5

Girar en Círculo

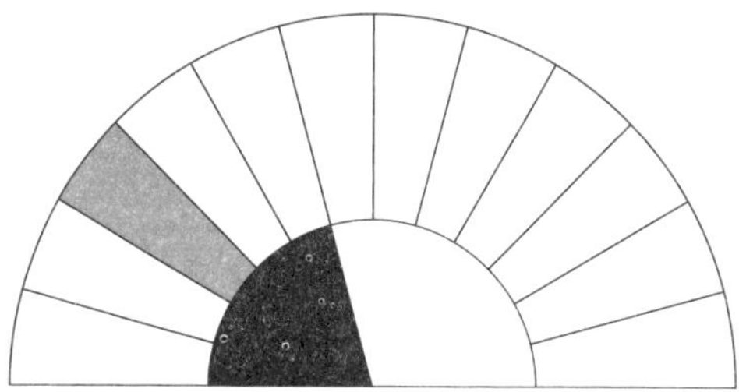

¿Tienes algún sueño que hayas dejado aparcado por el momento, como una nueva afición o unas vacaciones especiales que querías hacer? ¿Y qué hay de la posibilidad de cambiar de empleo que has estado considerando? Si has intentado hacer algún cambio en estas áreas de la vida y no lo has conseguido, lo más probable es que estés Girando en Círculo. Este capítulo te muestra cómo dejar de hacerlo para que tus sueños se cumplan.

Cambiar de trabajo hace sobre todo que tiendas a Girar en Círculo porque esta situación está cargada de los pensamientos típicos de la Zona del Miedo relacionados con la seguridad económica, el ego y lo desconocido.

Si dejo este trabajo, ¿ganaré bastante dinero?

¿Cómo encontraré otro trabajo?

¿Y si no encuentro otro mejor?

¿Y si pierdo mi casa?

La siguiente historia ilustra cómo una mujer dejó de Girar en Círculo con relación a su carrera. Eva es una de esas personas que hacen trabajar tanto el hemisferio izquierdo como el derecho del cerebro de una manera increíblemente equilibrada. Como es muy exagerada y teatral, nunca hubiera llegado a imaginar que pudiera ser una exitosa informática profesional que aspiraba a un trabajo mejor remunerado.

Pero Eva se sentía dividida. Siempre había querido dedicarse al doblaje, y al final ahorró el dinero y encontró el tiempo para cursar esos estudios. Pero no le fue fácil introducirse en ese mundo. Cada vez que intentaba meterse un poco en él, le daba miedo fracasar y volvía al campo que más conocía: la informática. Al cabo de dos años, que pasaron en un santiamén, su sueño aún no se había hecho realidad.

Después de volver a gastarse sus ahorros, Eva, descorazonada, decidió renunciar a su sueño y se fue a trabajar a Nueva York. Durante dos años se dedicó a observar con una mirada muy crítica las elecciones que hacía y los patrones que había en su vida. Las semanas laborales de setenta horas la agotaban, y aunque había pagado sus deudas y había ahorrado de nuevo, había vuelto a aparcar su sueño. Pero entonces pensó: «¿Por qué no puedo dedicarme a las dos cosas?». Durante varios años había estado Girando en Círculo al creer que había de elegir entre uno de aquellos dos trabajos. Se sentía tan cansada de los resultados (o de la falta de resultados) que creaba que ya estaba preparada para hacer un cambio a todos los niveles.

Decidió reducir su trabajo actual y volvió a mudarse a Chicago, donde podía trabajar desde su casa. Allí volvió a hacer circular por Internet varias cintas de demostración de sus doblajes. Al cabo de un mes recibió la llamada de alguien que se los había bajado de la red. En el pasado se había puesto muy nerviosa en los *castings*, pero esta vez estaba muy segura de sí misma y lo consiguió. Eva acabó doblando la voz de Sheryl Crow en el anuncio de Dell, logrando no solo hacer realidad sus sueños, sino además doblar un anuncio que se emitía en la franja horaria de mayor audiencia. Lo había conseguido.

GIRAR EN CÍRCULO

Repetir las mismas pautas de conducta y el mismo drama de una situación a otra, de un trabajo a otro, de una relación a otra, acaba convirtiéndose en una plantilla en tu vida que te lleva a elegir la opción más baja a nivel energético.

Bajar por una montaña rusa puede ser excitante, pero no es un estilo de vida que funcione a la larga. Estás Girando en Círculo cuando has pasado tanto tiempo en una Agradable Rutina, que se ha convertido en un patrón para ti. La fuerza centrífuga que genera el hábito te mantiene sujeto a él. Bájate de la montaña rusa y consigue utilizar tu energía de un modo que te lleve a tus objetivos. De lo contrario la vida se encargará de abrirte los ojos. Cuando Giras en Círculo, recreas los mismos dramas y frustraciones, sea cual sea el trabajo que hagas o la persona con quien te cases.

La película *Atrapado en el tiempo* ilustra a la perfección el Girar en Círculo. Bill Murray interpreta en ella el papel de un periodista gruñón y antipático que se ve condenado a revivir, una y otra vez, el mismo frustrante día, hasta que se libra de este patrón al actuar de otro modo. Cada día cambia algo de su vida, obtiene un nuevo resultado, y así logra revivir ese nuevo día, que es un poco mejor que el anterior, pero al siguiente ha de volver a afrontar otro de sus hábitos que no le funciona. Intenta cambiar su vida muchas veces, y no lo consigue hasta haber cambiado cada parte de aquel gran Círculo vicioso del que no podía salir.

¿Por qué cambiar?

Las Agradables Rutinas te producen una sensación complaciente y familiar, aunque no sean buenas para ti; en cambio, cuando Giras en Círculo, es muy raro que te sientas bien. Y es más difícil salir de un círculo que de una Agradable Rutina. Como probablemente ya habrás escuchado, cuando haces lo mismo de siempre, obtienes lo mismo de siempre. En cambio, cuando el sufrimiento que sientes supera el miedo que te produce ver hacia dónde te estás dirigiendo, estás preparado para salir del Círculo. Si no rompes estos patrones y sales de él, recuerda que quizá sea la vida la que te obligue a hacerlo de una forma dramática, algo a lo que yo llamo la verdad cósmica de poca monta: enfermas, te lesionas, te pierdes un ascenso o de repente se rompe una amistad.

El mero deseo de cambiar no significa que lo vayas a hacer. La fuerza centrífuga que genera el Círculo en el que te has metido te mantiene sujeto a él y hace que te cueste cambiar. Si sigues deseando volver a la universidad o adquirir tu primera casa, y siempre encuentras una razón para no hacerlo, significa que estás experimentando la fuerza del Círculo en el que te has metido. Para poder salir de él habrás de coordinar tus esfuerzos, ya que en estos casos la fuerza de voluntad no basta. El secreto está en comprender la situación en la que te has metido.

La mayoría de nosotros no solemos tener ninguna adicción, pero casi todos estamos enganchados a alguna conducta y solo cambiamos cuando tocamos fondo de algún modo. Este despertar es distinto para cada uno. A algunas personas les basta con ver que su vida no está funcionando para desear cambiar. En cambio, otras han de pasar por un mal trago, como la ruina o el divorcio, para desear hacerlo. Si ignoras estos sutiles ajustes, la verdad cósmica de poca monta te golpeará con más fuerza aún hasta hacerte abrir los ojos. No lo consideres como algo bueno o malo. Después de todo, sin este ajuste seguramente no habrías podido descubrir cómo creaste el Círculo en el que te metiste.

La antigua forma de actuar

Lo más probable es que hayas experimentado distintos Círculos en los que has estado dando vueltas, tropezando con la misma piedra una y otra vez y sintiéndote una víctima. Quizás hayas dicho cosas como:

«¿Por qué esto siempre me pasa a mí?»

«¡Qué injusta es la vida!»

«¡Pero qué mala suerte tengo!»

O quizás eches la culpa a los demás o a las circunstancias, generalizando la situación con frases como:

«¡Todos los hombres son iguales!»

«Los jóvenes de hoy día carecen de ambición.»

«Las empresas no saben lo que los empleados necesitamos.»

La antigua forma de actuar es creer que estás a merced de la vida. La fuerza del Círculo es tan fuerte que crees no tener elección. Los Círculos se adaptan a tu propia psique, arquetipos y patrones. Son más fáciles de ver cuando ya estás fuera de ellos que desde dentro. De ti depende advertir tus inclinaciones. Cada vez que he hecho un gran cambio en mi carrera ha sido porque una gran turbulencia me ha obligado a actuar y dar ese paso. Al aprender desde una edad muy temprana que podía superar cualquier cosa, a menudo he estado en una posición mucho más elevada de la que necesitaba, porque no me concentraba en mí, sino en triunfar contra viento y marea. Lo que buscaba era el golpe de adrenalina que la situación me producía. Y al final todo cuanto conseguía era agotarme.

¿Reconoces estos patrones en las personas con las que te relacionas? Un hombre con el que trabajé, cada vez que entra en una nueva compañía discute con algún compañero de trabajo por temas de política. Y la mujer de un íntimo amigo mío se queja siempre de que sus vecinas son demasiado cotillas, viva donde viva. Una de mis amigas de la universidad se ha pasado toda su vida adulta ganando y perdiendo veinte kilos. ¿Cuál es tu patrón? ¿Estás dispuesto a cambiarlo?

La nueva forma de ser

Recuerda que es la fuerza centrífuga del Círculo lo que te impide salir de él. Pero como todos los Círculos contienen unos desencadenantes emocionales, puedes salir de ellos si decides hacerlo. Sigue las siguientes sugerencias:

1. Reconoce que estás Girando en Círculo

El primer paso para cambiar es advertir que te has metido en un Círculo vicioso, y la mejor forma de hacerlo es reconocer las repeticiones y redundancias que hay en tu vida. Si has intentado acercarte a tu hijo adolescente de distintas maneras y él sigue mostrándose distante contigo, probablemente significa que estás Girando en Círculo. Y si te enojas con tu segunda pareja por las mismas razones por las que te divorciaste de la primera, también quiere decir que estás Girando en Círculo. Al igual que si sigues comprando un nuevo equipo de golf porque no encuentras el club que te gusta.

Pregúntate:

- ¿Obtengo siempre el mismo resultado por más que me esfuerce?
- ¿Me siento como si no estuviera yendo a ninguna parte?
- ¿Son mi frustración o mis problemas emocionales los que están provocando la situación?
- ¿Me siento como una víctima, como si me «estuvieran haciendo algo» y yo no pudiera impedirlo?

Al pensar en ello, verás que es muy estimulante. Si hay una situación que te ha estado persiguiendo toda tu vida, ahora tienes la oportunidad de cambiarla.

VIVIR EN EL CAMPO CUÁNTICO

Describe un Círculo en el que estés Girando.
¿Cuánto tiempo hace que estás en él?
¿Cuál es la fuerza centrífuga que te impide salir de él?

2. Busca ayuda

En un partido de baloncesto no puedes hacer ninguna canasta hasta que tu equipo está en una posición adecuada para ello. Es un deporte de equipo. Con los Círculos en los que das vueltas y vueltas ocurre lo mismo. Necesitas que los demás te apoyen. Recurre a la ayuda de un psicólogo, un entrenador personal, tu pareja, tus hermanos, tus padres o un amigo.

El mismo Campo te ayudará de vez en cuando al hacer que tu vida cambie de rumbo o al ofrecerte unas oportunidades que rompan la fuerza centrífuga del Círculo en el que estás dando vueltas. Cuanto más grande sea el Círculo en el que estás metido, más fuertes serán los ajustes o el nuevo rumbo que te marque el campo. O también puede ayudarte por medio de la sincronicidad: cuando te preguntas qué puedes hacer para dejar de elegir a unos amigos que siempre acaban decepcionándote, oyes en alguna parte que hay un libro que trata de este tema. O mejor aún, conoces de pronto a una persona de confianza que quiere ser tu amigo. O decides dar tu opinión en una reunión y al día siguiente tu jefe te sugiere que te apuntes a Toastmasters, la mejor organización en materia de liderazgo y oratoria, porque quiere que hagas más presentaciones.

Los amigos también pueden ayudarte a salir de un Círculo, pero a veces es difícil saber cuándo escuchar y cuándo dar un consejo. Con relación a este tema, yo salí hace poco del Círculo en el que me había metido y pude ayudar a mi amiga Sarah a salir del suyo. Julie, nuestra amiga en común, estaba muy disgustada porque su padre iba a casarse de nuevo cuando su madre solo hacía un año que había fallecido. Nos envió a Sarah y a mí algunos e-mails criticando a su padre por casarse tan pronto. El padre de Sarah había enviudado hacía tres años y seguía solo. Julie creía que su padre también debía hacer lo mismo y quería que Sarah le diera su incondicional apoyo.

En el pasado yo me habría dicho: «Que piensen lo que ellas quieran, no tengo por qué implicarme en el asunto». Pero en esta ocasión, como sentí que si lo hacía me arriesgaba a que se distanciaran de mí, escribí: «Tu madre ha muerto.

Se ha ido. Y tu padre se siente solo. ¡No sabes por lo que puede estar pasando! Estuvo casado durante cuarenta años y ahora se siente solo. Es su decisión. Necesita nuestro amor y apoyo, y no nuestras críticas. Sarah, Julie me dijo que le hubiera gustado que su padre fuera tan sensato como el tuyo y que no volviera a casarse, pero te he oído decir que darías cualquier cosa por ver a tu padre feliz de nuevo. Estoy segura de que en el fondo te encantaría que volviera a casarse. ¿Por qué te lo tomas entonces tan mal? ¡Sé realista!».

Al leer el e-mail, Julie se mostró poco entusiasta, pero Sarah me llamó enseguida.

—¡Caramba, me has ayudado a abrir los ojos! No me había dado cuenta de que estaba proyectando en el padre de Julie lo mal que yo me sentía por la pérdida de mi madre. En realidad mi enojo no tenía nada que ver con él.

Recuerda que puedes pedir ayuda. Wendy tuvo una pequeña empresa de asesoramiento durante doce años, y en ese tiempo había estado Girando en Círculo en varias ocasiones al preocuparse por la economía de la misma. Tenía un patrón interno que la llevaba a dedicarse al *marketing*, a prestar los servicios de su empresa y a fijarse muy poco en cómo administrar el dinero, hasta que hubiera una crisis económica. También había tenido el patrón de sentirse agobiada por todas las responsabilidades que le caían encima sin poder encontrar una solución. Se sentía como si la empresa fuera una gran carga que estaba arrastrando cada día y no sabía cómo hacer cambiar la situación.

Sabía que estaba Girando en Círculo porque reconocía la grave situación en la que se había metido de nuevo, con un flujo de caja negativo debido a los excesivos gastos. Decidió verse con Cheryl, su contable, y pedirle consejo. Cheryl le sugirió enérgicamente reducir lo que estaba pagando de alquiler.

El contrato de arrendamiento de Wendy no finalizaba hasta al cabo de dos años y ella no veía cómo podía librarse de él. Después de reflexionar sobre ese patrón suyo que la llevaba a las crisis económicas, decidió salir del Círculo en el que se había metido y ver lo que ocurriría a continuación. Así que dio el paso de llamar a la propietaria del local.

—He visto que la oficina de al lado está ahora por alquilar. Si alguien quiere un poco más de espacio, yo estoy dispuesta a ofrecer la mitad del mío.

La propietaria, después de reflexionar unos momentos, le respondió:

—¿Estaría dispuesta a cederlo todo?

Wendy no podía creer lo que estaba oyendo. Al parecer otro inquilino estaba haciendo un recorte de plantilla y quería alquilar un espacio del tamaño de la oficina de Wendy. Al cabo de un mes el nuevo inquilino ya se había instalado allí, con lo que ella pudo librarse de ese gasto, y el resto de sus empleados siguieron trabajando felizmente comunicándose con los clientes por teléfono desde sus casas. Un martes por la mañana, mientras contemplaba su jardín lleno de rosas, se sintió por primera vez en muchos años absolutamente contenta y viva en el trabajo. Y todo por haber decidido pedir ayuda.

Advierte cuándo el Campo te envía alguna ayuda, tanto si es en forma de un contable como del e-mail de una amiga íntima.

VIVIR EN EL CAMPO CUÁNTICO

Recuerda una ocasión en la que un amigo te señaló el Círculo en el que estabas dando vueltas y más vueltas.

¿Qué clase de ayuda estás recibiendo ahora?

Recuerda una ocasión en la que un miembro de tu familia o tu pareja te señaló uno de los Círculos en los que te habías metido.

¿Te resististe a aceptarlo? Si es así, ¿fue porque te metió el dedo en la llaga?

3. Distánciate

Observa la situación desde una cierta distancia. Conviértete en un espectador. Si no fueras tú sino tu mejor amigo el que estuviera Girando en Círculo, ¿cómo le describirías la situación y qué le dirías? Conviértete en tu mejor amigo. Ofrécete la respuesta que le darías a él. Las respuestas se encuentran dentro de ti. O si lo prefieres, pide consejo a alguien en quien confíes. Cuando hemos caído en un Agujero Negro, los demás ven con más claridad que nosotros las opciones que tenemos. Lo más probable es que tus amigos puedan describirte el Círculo en que te has metido con todo detalle.

Cada persona se distancia de una situación a su manera. El secreto está en observar desde una cierta distancia el reto que afrontas o el Círculo en el que te has metido e intentar ver la situación, o verte a ti, de otra forma, desde una nueva perspectiva. Mi amigo Patel lo hizo de la siguiente manera: en un profundo esfuerzo de introspección, preguntó a las seis personas que mejor le conocían que enumeraran sus mayores virtudes y sus peores defectos. También escribió lo que él pensaba en este sentido, y luego buscó los rasgos que aparecían en las listas que esas seis personas habían escrito.

El rasgo positivo que no había aparecido en la lista de Patel fue el de «generoso», y el negativo, el de «cabezota». Él reconoció que solía ser generoso, pero se negó en redondo a aceptar ser un cabezota. En realidad, le enojó que tuvieran esta idea de él. Eso es lo que te ocurre cuando estás Girando en Círculo.

Hace tanto tiempo que estás metido en él que ni siquiera eres consciente de ello. Las dos personas que lo habían descrito como un cabezota habían sido su mujer y su padre. Patel los escuchó y aceptó que quizá tuvieran razón, aunque él no creyera serlo. Al cabo de una semana se descubrió en un determinado momento que estaba actuando de forma testaruda. Más tarde me contó que aquel método le había abierto los ojos y permitido salir del Círculo en el que había estado dando vueltas durante tantos años, probablemente desde la infancia.

La siguiente vez que Patel volvió a caer en esta automática respuesta de ser terco con su mujer, observó la situación con objetividad y se distanció de su postura. Al hacerlo, pudo comprender mejor el punto de vista de su esposa y lo automática que había sido su respuesta a la situación.

Recuerda que aquello hacia donde tú diriges tu energía se expande. Por eso tu mundo puede zarandearse por el simple hecho de preguntar a las personas que te rodean cómo te ven. Una vez que les pides su opinión, eres responsable de cómo la manejas. Estos son los grandes puntos de referencia, los postes indicadores, las puertas que te llevan a dar grandes saltos hacia delante. Los nuevos resultados pueden ser instantáneos, porque ahora te estás moviendo en el campo cuántico. Esta es la naturaleza del Campo: aquello en lo que te concentras crea unos saltos cuánticos hacia delante.

Cuando estás a punto de salir de un Círculo es cuando más roces y presión experimentas. Como estás programado para estar en él, llega a adquirir tanta fuerza centrífuga que tu cuerpo, tus emociones y tu memoria celular se resisten a abandonarlo. ¿Por qué? Porque en la infancia creaste otros muchos Círculos parecidos, normalmente para sentirte seguro. Todos hemos oído historias de personas que guardaban el dinero en su casa porque vivieron la Gran Depresión y dejaron de confiar en los bancos.

Al hacerlo se sentían más seguras, pero al final aquella limitación les impidió sacarle jugo a su dinero al no invertirlo en un plan de pensiones. O hemos oído de personas que se criaron en unos ambientes tan conflictivos que al convertirse en adultos están constantemente pidiendo perdón por todo, saboteando sin saberlo las oportunidades de ser respetadas y de mejorar su situación. Los Círculos en los que estamos girando son muy poderosos. Estás tan encajonado en el asiento de tu montaña rusa que has de esforzarte mucho para poder bajarte de ella.

Cuando estés preparado para bajarte de la montaña rusa en la que estás dando vueltas, las personas que te rodean sentirán el cambio y quizá se relacionen contigo de distinta forma. A la gente no le gustan los cambios. Si siempre te han conocido de una forma y ahora tú estás volviendo a definir quién eres, se resistirán a ello. Cuando estés a punto de conseguir salir de un Círculo, sentirás como si todo el universo te estuviera diciendo: «¡No puedes hacerlo!». Pero sí puedes.

De un Círculo a otro

Girar en Círculo es muy molesto porque sientes que por más que intentes cambiar tus circunstancias sigues obteniendo los mismos resultados insatisfactorios. ¿Has cambiado alguna vez la situación en la que estabas y, sin embargo, volviste a crear el mismo Círculo en el que te habías metido? Yo en una ocasión dejé un trabajo internacional e hice un gran cambio en mi profesión, cambiando una industria por otra y yendo a trabajar a una compañía en la que pudiera llevar un estilo de vida más equilibrado y llegar a conseguir mis sueños: escribir este libro y hablar sobre el Campo. ¿Qué es lo que hice entonces? Lo que mejor sabía hacer: meterme en otro Círculo.

Muchos Círculos empiezan en una Agradable Rutina. Y yo había vuelto a la mía de no integrar estas esperanzas y sueños en mi trabajo diario. Saqué la precipitada conclusión de que el nuevo director ejecutivo para el que trabajaba pensaría que no me comprometía por completo con mi trabajo si tenía algún otro objetivo aparte del de hacer aumentar las ganancias y los valores de los accionistas. ¡Por eso empecé a Girar en Círculo! Y cada Círculo en el que me metía era más grande y ambicioso que el anterior. Aquellos Círculos seguían el patrón para el que yo estaba diseñada a nivel celular: rendir más de la cuenta. El primero consistió en mejorar mi currículum, de modo que debía hacer un máster, pero no un máster cualquiera, sino uno en una de las diez mejores universidades.

Cuando me lo saqué, empecé a meterme en el segundo Círculo, planteándome aumentar mis conocimientos durante un año y medio para sentirme más cómoda pensando de pie ante grandes audiencias. Pero no iba a hacer cualquier curso, sino el mejor de todos ellos, el de los Players Workshop.

Después me inscribí en el Secretan Center, una organización internacional puntera en llevar el espíritu y los valores al trabajo. Trabajé en su junta como voluntaria, conocí a algunas personas extraordinarias, e invertí mi dinero en poner los cimientos para labrar mi carrera como oradora. Después de alcanzar todas estas cosas que a mí me parecían imprescindibles, estaba preparada para escribir un libro. Pero siempre que me sentaba a hacerlo, me quedaba en blanco. Al final acabé bloqueándome por las numerosas ideas preconcebidas que tenía sobre el éxito y el fracaso. Perdí las esperanzas y empecé a creer en lo que la gente me había estado diciendo: «Nunca te publicarán el libro. El mundo de la oratoria es demasiado competitivo. Escribe solo por el placer de escribir». Caí en una profunda depresión. Había entrado en un Agujero Negro.

Concluí que había fracasado al no escribir el libro ni haber entrado en el mundo de los oradores cuando yo creía que debía hacerlo. Para salir del Agujero Negro en el que había caído, volví a retomar mi trabajo. Cuando estaba trabajando a toda marcha y había ya vuelto a la Zona del Poder, recuperé la inspiración para escribir. Ahora el factor tiempo ya no era para mí ningún problema. Encontraba las palabras que quería expresar sin el menor esfuerzo.

Reuní el valor para salir del Círculo en el que me había metido contándole la verdad al director ejecutivo para el que trabajaba, y le confesé que mi verdadero sueño era escribir y dedicarme a dar conferencias. Lo curioso del caso es que me volví más valiosa aún para la compañía, porque yo tenía una habilidad que ellos necesitaban. Cuando dejé de Girar en Círculo, pude dedicarme a mi carrera sin olvidar quién era de verdad. Pude escribir y dar conferencias como parte de mi trabajo, y el resultado es que hoy estás sosteniendo este libro en tus manos.

RESUMEN

- Giras en Círculo cuando repites las mismas pautas de conducta y el mismo drama de una situación a otra, de un trabajo a otro, de una relación a otra.
- Giras en Círculo cuando, al estar durante demasiado tiempo en una Agradable Rutina, esta acaba convirtiéndose en un patrón.
- Cuando Giras en Círculo recreas los mismos dramas y frustraciones, sea cual sea el trabajo que hagas o la persona con quien te cases.
- Cuando Giras en Círculo te sientes mal, en cambio las Agradables Rutinas te producen una sensación sedante

y familiar, aunque no sean buenas para ti. Y es más difícil salir de un Círculo que de una Agradable Rutina.

- Cuando el sufrimiento que sientes supera el miedo que te produce ver adónde te estás dirigiendo, estás preparado para salir del Círculo. Si no rompes esos patrones y sales de él, recuerda que quizá la vida te obligue a hacerlo de una forma dramática: enfermas, te lesionas, te pierdes un ascenso o de súbito se rompe una amistad.
- La fuerza centrífuga del Círculo en el que te has metido hace que te resulte difícil cambiar. Como el Círculo contiene unos desencadenantes emocionales, para lograr salir de él has de coordinar tus esfuerzos.
- Reconoce que estás Girando en Círculo. Pregúntate: «¿Obtengo siempre el mismo resultado por más que me esfuerce? ¿Me siento como si no estuviera yendo a ninguna parte?».
- Busca ayuda. Si te parece apropiado, recurre a un psicólogo o a un entrenador personal.
- Distánciate. Observa la situación con objetividad. Conviértete en un espectador. Si no fueras tú sino tu mejor amigo el que estuviera Girando en Círculo, ¿cómo le describirías la situación y qué le dirías?
- Cuando estás a punto de salir de un Círculo, es cuando más roces y presión experimentas. Llega a adquirir tanta fuerza centrífuga que tu cuerpo, tus emociones y tu memoria celular se resisten a abandonarlo.
- Cuando estés preparado para bajarte de la montaña rusa, las personas que te rodean posiblemente se resistan a ello. Hazlo de todos modos.

6

Imanes

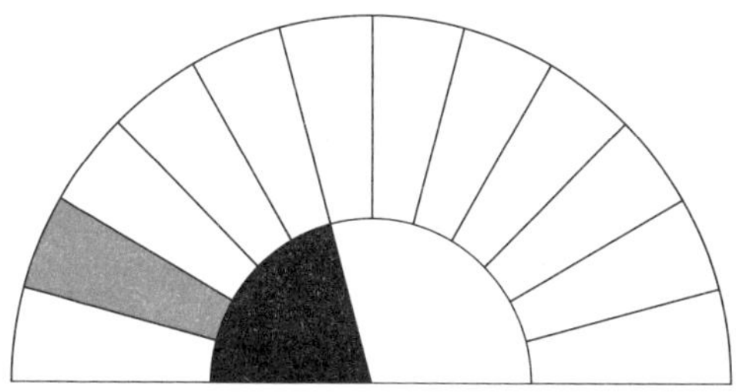

¿Por qué cuando estás muy preocupado por algo e intentas evitarlo a toda costa te sigue pasando? ¿Has utilizado alguna vez afirmaciones positivas sin que te hayan producido el menor resultado? Quizá tienes una fuerte intención que nunca llega a cumplirse. No estás atrapado en alguna de las Agradables Rutinas. No le estás Dando Vueltas a ningún problema. Ni tampoco estás Girando en Círculo. Pero sigues sin conseguir lo que deseas. ¿Por qué? Porque un Imán está actuando. Este capítulo describe los Imanes, cómo actúan, y cómo puedes liberarte de su fuerte poder de atracción.

Los Imanes te producen una sensación muy desagradable, porque son la consecuencia de haber estado actuando en la Zona del Miedo durante mucho tiempo. No surgen de súbito, sino que van formándose tan poco a poco que ni siquiera te das cuenta de haber creado uno. Y lleva su tiempo el descubrirlos. La siguiente historia muestra lo complejos que son los Imanes y cómo se crean.

Todo cuanto había en mi amiga Debi estaba pidiendo a gritos que un hombre la convirtiera en esposa y madre. Es la persona más cálida y empática del mundo. Tiene un lucrativo trabajo, es realista y bondadosa, y se dedica por completo a sus padres y hermanos. Es una mujer atractiva, con un extraordinario éxito entre el sexo opuesto. Había tenido muchas relaciones sentimentales y proposiciones matrimoniales, pero ninguna de ellas la había llevado al altar. Al final de cada relación, se separaba de su novio sintiendo que no era lo bastante buena para él, y a los cincuenta aún seguía estando soltera.

Después de treinta frustrantes años de haber mantenido relaciones que no la habían llevado al matrimonio, ya había sufrido, reflexionado y perdido el tiempo lo suficiente como para afrontar lo que le estaba ocurriendo. Con la pequeña ayuda de una amiga solidaria, Debi reunió el valor necesario para mirar en su interior, y entonces lo vio con claridad: cuando era muy joven, al pasar por unas circunstancias muy difíciles, había tenido que abortar. Nunca se había olvidado de esta elección que había hecho, por eso llevaba este dolor a cada relación sentimental que mantenía. Debi vio de pronto que era ella la que creía no ser lo bastante buena y que por eso se sentía solo atraída por hombres que no la valoraban lo suficiente. Al tener esta revelación se sintió como si se hubiera quitado un gran peso de encima y decidió que debía perdonarse de una vez por todas. Varias semanas después de haber tenido esta gran revelación, conoció al hombre que se convertiría en su esposo.

Los Imanes no salen de la nada. Eres tú el que los creas. Cuando te sumerges en la vergüenza, el miedo y la negatividad, se vuelven muy poderosos. Aunque Debi deseara con toda su alma casarse, el Imán que había creado era más poderoso que su propio deseo. La Zona del Miedo del espectro de la energía es una resbaladiza pendiente: si te pasas la mayor parte del tiempo Dándole Vueltas a algo, acabarás Girando en Círculo. Y al estar Girando en Círculos constantemente, crearás Imanes. Y los Imanes atraerán todos tus miedos y te harán descender más aún, enviándote directo al Agujero Negro.

Las elecciones de baja energía son más atrayentes que las de alta, y los Imanes son las de más baja energía. Quizás has estado utilizando afirmaciones y visualizaciones en tu vida. Has pegado una tarjeta en el marco del espejo y repetido cada mañana algo como:

Soy feliz y tengo éxito.
Estoy a punto de encontrar el trabajo ideal.
Tengo una salud extraordinaria.

Quizá te acuerdes de Stuart Smalley, que interpreta el papel de Al Franken en el programa televisivo *Saturday Night Live*. Se hizo famoso por repetir: «Soy lo bastante bueno, lo bastante listo, y ¡mecachis!, a la gente le caigo bien». Pero lo decía de un modo que no parecía acabar de creérselo, y cuando terminaba de decirlo, a los demás solo les gustaba porque podían reírse de él. Las palabras no bastan. Si tus intenciones van pegadas a unos Imanes, estos prevalecerán. Las afirmaciones no se cumplirán. «No basta con desear triunfar», dicen los críticos. Y en parte tienen razón. Las afirmaciones no siempre funcionan cuando las pronuncias con miedo, porque esta emoción las ahoga. No basta con expresarlas, sino que has de respaldar tus palabras con una poderosa sensación. Infundirles tu energía. De lo contrario tus Imanes serán más fuertes que tus afirmaciones.

IMANES

Tus ideas negativas basadas en el miedo pueden crear aquello que más deseas evitar.

Como estamos más familiarizados con los pensamientos negativos que con los positivos, aquellos se difunden con mucha más rapidez. Los días que sueles tener pensamientos de baja energía oirás más quejas que celebraciones, más críticas que elogios. ¿Por qué? Porque te concentras en validar esta perspectiva, y aquello en lo que te centras se expande.

Cuando has estado actuando en la Zona del Miedo, eres muy vulnerable a los pensamientos y acciones de baja energía. Ser consciente de esta dinámica te ayudará. Cuando estás atrapado en el extremo izquierdo del Espectro de la Energía, es como si avanzaras dificultosamente por un terreno cubierto de barro. Cada paso que das te supone un gran gasto de energía. Y cuantos más Imanes y Agujeros Negros haya en tu vida, más predispuesto estarás a que aumenten. Es como tener un sistema inmunitario débil. Acabas teniendo un resfriado, o algo peor aún.

Los Imanes son las elecciones energéticas más complejas y paradójicas de todas, porque actúan a la inversa, y tú no siempre eres consciente de cómo estás atrayendo aquello que más deseas evitar. Por ejemplo, si crees: «Siempre tendré deudas. Tengo un montón de facturas por pagar. ¡Quiero sacármelas de encima de una vez!», probablemente tengas deudas siempre. ¿Por qué?

Veamos cada una de estas afirmaciones. Si crees que siempre tendrás deudas, las tendrás. Esta afirmación es el Imán. «Tengo un montón de facturas por pagar» también es otro Imán. Y «¡Quiero sacármelas de encima de una vez!» expresa el deseo en tu intención, pero lo expresa como un deseo. Y cuando te concentras en el deseo, el Campo te da exactamente eso: el deseo en lugar del resultado. Lo que tú pretendías que fuera una afirmación es en el fondo un Imán de tres puntas.

Voy a poner otro ejemplo. Si piensas: «Odio mi trabajo, pero si me ascendieran estoy seguro de que me gustaría más», lo más probable es que tengas una larga carrera plagada de fracasos, porque «odio mi trabajo» actúa como un enorme Imán, ya que las emociones de baja energía son sumamente poderosas y alimentan a los Imanes. El odio es una emoción sumamente fuerte y predomina por encima de la segunda mitad de la afirmación, «si me ascendieran estoy seguro de que me gustaría más». Tú no puedes estar en un lugar de baja energía y crear una oportunidad de alta energía. Estás pidiendo al Campo que cree una dualidad. Tus pensamientos negativos sobre tu trabajo serán más fuertes que cualquier pensamiento de éxito o de un ascenso. Los Imanes te invitan a contemplar la imagen que tú te has hecho de ti en el mundo y a reconocer los pensamientos incongruentes que se interponen en tus objetivos.

¿Por qué cambiar?

Si no comprendes cómo funcionan los Imanes, puede parecerte como si los demás tuvieran una vida fácil en la que todo les va sobre ruedas, y en cambio tú vas caminando por ahí con una nube de lluvia pegada a la cabeza. Crees que te llueven cosas malas en lugar de ver que eres tú el que las provocas. Cuando creas Imanes, les estás dando tu poder. La energía negativa de las elecciones de baja energía te consume y debilita con más rapidez y profundidad que cualquier otra emoción. Todas las emociones de baja energía surgen del miedo, y los Imanes son la madre de todas las elecciones basadas en él. Son la forma más rápida de caer en el Agujero Negro. En cada relación sentimental que mantenía, mi amiga Debi se sentía incluso peor sobre ella misma. Su sensación de poca valía alimentaba el Imán. Después de muchos años de actuar de ese modo, cayó en el Agujero Negro. Y, sin embargo, si no hubiera caído en él, no habría podido experimentar su gran avance en la vida.

Cuando te expones una y otra vez a los dolorosos pensamientos inducidos por el miedo, el Imán crece, y cuanto más crece, mayor es el magnetismo que ejerce sobre ti. Pierdes el sentido de ti mismo y tu poder, porque en lugar de alimentarte a ti estás alimentando el Imán.

La antigua forma de actuar

Los Imanes, como las elecciones de baja energía, crean una mentalidad de víctima y fomentan el echar la culpa a los demás, pero lo hacen de una forma incluso más poderosa. Algunas personas intentan forcejear con el Imán, otras lo ignoran esperando que desaparezca, y muchas dejan de luchar y se rinden, creyendo estar condenadas a él.

Si no reconoces el Imán y comprendes por qué existe, no podrás superarlo ni neutralizarlo. Volvamos de nuevo al primer ejemplo. Al querer dejar de tener deudas, quizá decidas leer un libro sobre el tema, ir a un curso para aprender a administrar tu dinero y contratar a un experto en inversiones. Pero como bajo esta intención se ocultan unos Imanes, no conseguirás librarte de las deudas. Seguirás intentando otras opciones: uniéndote a Deudores Anónimos, estableciendo y siguiendo un presupuesto y comprando un libro de cuentas para controlarlo. Mantienes una actitud optimista. Pero por más que te comprometas a ello mentalmente y en la acción, el Imán prevalecerá. No subestimes su fuerza de atracción. Un Imán puede ser muy atrayente, porque te resulta mucho más fácil sentirte mal respecto de ti que ir a otro lugar del espectro de la energía.

Sabes que estás bajo el influjo de un Imán cuando, por más que te esfuerzas y por más buenas que son tus intenciones, no consigues lo que deseas. En cuanto reconoces el Imán, el siguiente paso es comprender por qué existe. En el caso de Debi, la causa que lo había estado alimentando durante treinta años era su sensación de no valer nada. Pero hasta que no comprendió el origen de su problema, le resultó más fácil culpar a los hombres por ser todos iguales, o a sí misma por no ser lo bastante delgada, atractiva o joven, por intimidar a los hombres con su éxito en la vida profesional o por estar predestinada a la soltería. En cuanto comprendió que era ella la que estaba ayudando a crear estos resultados, neutralizó al instante el Imán.

La nueva forma de ser

Aunque los Imanes sean una de las elecciones de baja energía que más cuestan vencer, la buena noticia es que al mismo tiempo te ofrecen la mayor oportunidad para conocerte y cambiar. El instante de descubrir y sacar a la luz tus Imanes equivale a cinco años de terapia. Al afrontar un Imán, al igual que ocurre con las otras elecciones de baja energía, es importante no juzgar. Ten en cuenta que lo has creado por una razón. ¿Por qué desperdiciar tu valiosa energía echando la culpa a alguien o juzgando la situación? Recuerda que los Imanes son unos increíbles maestros si eres consciente de cómo y cuándo surgen en tu vida.

Los Imanes físicos pueden perder su campo magnético de distintas formas. A veces lo pierden al recibir un fuerte golpe, según el material de que estén hechos. Algunos materiales pierden su magnetismo con el tiempo debido a la migración molecular. Pero los Imanes de los que te estoy hablando pocas veces pierden todo su poder. En la física esta peculiaridad se llama histéresis. En la vida a veces los Imanes pierden su poder con el paso del tiempo. En algunas ocasiones, vivir una situación que resulta impactante para ti te motiva a cambiar. Pero los Imanes siempre pueden recuperar el magnetismo perdido y aumentarlo más aún. Este proceso puede hacer que te pongas histérico si no conoces el papel que los Imanes desempeñan en tu vida.

Descubrir y neutralizar tus Imanes te tomará tiempo. No es un proceso rápido, pero puedes experimentar los resultados de forma súbita. Recuerda que el Campo actúa de distinta forma que la jerarquía en el trabajo o que la estructura que has creado en tu hogar. No se mueve en la misma línea temporal. No se trata de actuar a la perfección ni de resolver el problema para siempre, sino de saber cómo creas y afrontas tus Imanes. Aunque un Imán al final acabe produciéndote unos resultados maravillosos, puede resultarte muy desagradable estar pegado a él. Para despegarte de uno, sigue las siguientes sugerencias:

1. Identifica qué es lo que más temes
Nombra algo que realmente desees, pero que no estés consiguiendo. Empezaste Dándole Vueltas a un asunto, después te pusiste a Girar en Círculo, y al final creaste un Imán. Quizá tiene que ver con el éxito en tu carrera. O con estar en buena

forma. O con que haya armonía en tu casa. Aquí tienes una buena pista: piensa en algún problema que hayas tenido toda tu vida. Si lo observas el tiempo suficiente, descubrirás un Imán.

VIVIR EN EL CAMPO CUÁNTICO

¿Qué es lo que más temes?
Descríbelo con todo detalle.
¿Recuerdas cuándo fue la primera vez que lo experimentaste?

2. Al establecer tu objetivo, busca cualquier idea contradictoria

¿Qué clase de palabras y frases propias de la Zona del Miedo te oyes diciendo sobre esta parte de tu vida? Observa las decisiones que estás tomando y sus repercusiones. Si te resulta demasiado difícil, pide a alguien que te conozca bien que lo haga, ya que tus Imanes son muy evidentes para las personas que te rodean. Todos conocemos a alguien que siempre se está quejando de tener unos jefes que no le respetan, o que se está dejando timar. O quizá sea un patrón personal más obvio aún, como retrasarte en las fechas tope o ir siempre corto de dinero. ¿Qué es lo que tus amigos advierten en ti?

VIVIR EN EL CAMPO CUÁNTICO

Al leer la descripción de tu objetivo, ¿ves alguna contradicción?
Si es así, ¿ves ahora con claridad cuál es tu Imán?

3. Pregúntate: «¿Cómo esto me está impidiendo hacer lo que yo deseo?»

Observa cómo esta idea contradictoria se manifiesta en tu vida. ¿Qué hábitos has adquirido en torno a ella o para intentar evitarla? ¿Qué elecciones has hecho a causa de esta idea? Busca los mensajes contradictorios que transmites. Cuando el miedo es el principal motivo para desear cambiar, es evidente que no lo conseguirás hasta que afrontes esta emoción, la parte más poderosa del Imán. Si odias tu trabajo, pero obtienes el ascenso que antes he mencionado, encontrarás una nueva forma de odiarlo. ¿Qué es lo que no te gusta de él: cómo te ven los demás, la clase de trabajo que haces, tu jefe, las horas que te exige, el lugar de trabajo, el trayecto en coche para ir a él? Disecciona el Imán.

4. Pregúntate: «¿Qué puedo hacer, basándome en el poder, para cambiar esta situación?»

Empieza a hacerlo interiormente. Identifica tres pasos que puedas dar para afrontar el Imán y dalos a continuación. Un Imán físico pierde su poder al desmagnetizarlo. Y esto precisamente es lo que haces con un Imán energético al diseccionarlo. La acción te lleva a la Zona del Poder. En cuanto dominas un Imán a este nivel, lo aprecias en todas las partes de tu vida, como en la salud y en el mantenerte en forma, en el hogar y en tu creatividad.

Durante mucho tiempo, Amanda estuvo trabajando directamente con el presidente de una compañía. Al cabo de dieciocho años, la compañía decidió que el departamento de compras se ocuparía de los contratos de sus vendedores, de modo que ella ya no pudo trabajar más con el presidente. En su lugar le dijeron que a partir de aquel momento tendría que hacerlo con Grace, la encargada de organizar las reuniones de la compañía.

A Amanda le preocupaba perder el poder que había adquirido y trabajar en la organización a un nivel inferior. Se sintió rebajada en sus atribuciones y su ego se resintió. Y acabó llevando esta baja energía a las reuniones. Grace lo notó, y se quedó tan sorprendida de la negatividad de Amanda que le preguntó cómo era que la compañía había estado trabajando con ella durante tanto tiempo.

Este comentario hizo que Amanda se despegara del Imán que había creado y se dirigiera rápidamente a la zona neutra. Comprendió que su ego le había estado causando la mayor parte de los problemas que tenía en el trabajo y que ella había creado un Imán. Empezó enseguida a concentrarse en conectar con Grace, y logró neutralizar el Imán antes de que afectara a sus ventas con otros clientes y que se cumpliera aquello que más temía.

VIVIR EN EL CAMPO CUÁNTICO

Describe una ocasión en la que uno de tus Imanes se haya vuelto más fuerte al alimentarlo con tu miedo.
¿Qué habrías podido hacer, basándote en el poder, para neutralizarlo?

No deja de constituir una ironía que, cuando hablé del concepto de los Imanes por primera vez en una conferencia, creé uno enorme. Yo estaba muy preocupada porque el tema era muy complejo. «¿Y si no entienden el concepto? ¿Y si no logro hacer que lo capten?». Lo cual me llevó a pensar: «¿Y si no les caigo bien?». Estaba deslizándome por la resbaladiza pendiente de la Zona del Miedo. ¿Y qué fue lo que ocurrió? Cuando me encontraba ante un público que era decisivo para mi futuro éxito, el Imán se manifestó de pleno y mi conferencia fue un desastre. Me sentí tan desolada que caí en un Agujero Negro, dejé de hacer presentaciones y de escribir mi libro.

Al final afronté el Imán.

«¿Qué es lo que más miedo me da?», me pregunté. «Fracasar. Este tema es muy importante y complejo. Quiero explicar al mundo de qué se trata, pero me da miedo no saber exponerlo bien. ¿Qué es lo que me lo está impidiendo hacer? Lo he intentado y he fracasado».

Para mí, la mujer emprendedora que siempre triunfaba en todo, era como morirme. Tenía la conflictiva idea de que quería contarle al mundo qué eran los Imanes, pero no sabía explicar bien el concepto. Al principio no lo vi y me pasé meses metida en el Agujero Negro. Pero cuando comprendí cómo lo había creado, el Imán salió a la luz, volví a basarme en el poder y tomé las medidas necesarias, creando más oportunidades para hablar en público. Dos años más tarde, al dar una conferencia en Miami, volví a exponer aquel tema y fui considerada la mejor conferenciante. Había neutralizado aquel Imán que yo misma me había creado, y ahora hablo sobre ellos por todo el mundo.

Como trabajar con Imanes es tan intenso, suelo llevar una pulsera especial que mi hermana me dio para ver los Imanes con una actitud más relajada. Un par de semanas antes había estado viviendo en la Zona del Miedo porque tenía problemas con mi familia y con el trabajo, no había estado haciendo ejercicio ni había seguido una dieta sana, y me veía gorda. Sabía que actuar en la Zona del Miedo me hacía más vulnerable a los Imanes, pero no podía salir de ella y tenía una mañana muy difícil. Durante los cuarenta minutos que estuve esperando en un lujoso restaurante que me trajeran el desayuno, me sentí muy mal por mi aspecto.

Tenía la autoestima por los suelos y estaba segura de que todo el mundo me estaba mirando. «Finge que sabes moverte en este ambiente», me dije a mí misma. «Siéntete cómoda». Pero nada funcionaba. La tensión no hacía más que aumentar, y sentí la atracción del Imán.

Al ir a tomar con aire despreocupado el vaso con el zumo de naranja, el cuchillo que había sobre la mesa se me quedó pegado al brazalete magnético que llevaba y volcó el vaso de zumo al chocar con él. Entonces sí que todo el mundo se volvió para mirarme. Aunque yo estaba muerta de vergüenza, no pude evitar echarme a reír. Aquella mañana el poder de mis pensamientos de baja energía había activado los Imanes a dos niveles, creando la situación que yo más temía: ¡ser el centro de atención! Cada vez que me pongo ese brazalete, sonrío, porque me recuerda lo poderosa que puedo ser.

Ahora que ya he descrito las cuatro elecciones de baja energía de la Zona del Miedo, vamos a ver las seis elecciones de alta energía de la Zona del Poder.

RESUMEN

- Tus ideas negativas basadas en el miedo pueden crear aquello que más deseas evitar.
- Los Imanes no salen de la nada. Eres tú quien los crea. Cuando te sumerges en el miedo y la negatividad, se vuelven muy poderosos.
- Cuando haces elecciones de baja energía, eres vulnerable a los Imanes.

- Los Imanes son la elección energética más compleja y paradójica de todas, porque actúan a la inversa, y tú no siempre eres consciente de cómo estás atrayendo aquello que más deseas evitar.

- Los Imanes son el modo más rápido de ir al Agujero Negro. Cuando te expones una y otra vez a los dolorosos pensamientos inducidos por el miedo, el Imán crece, y cuanto más crece, mayor es el magnetismo que ejerce sobre ti.

- Si no reconoces el Imán y comprendes por qué existe, no podrás superarlo o neutralizarlo.

- El instante de descubrir y sacar a la luz tus Imanes equivale a cinco años de terapia.

- Reconoce qué es lo que más temes. Parte de este proceso implica saber a quién y qué es lo que puedes o no controlar.

- Pregúntate: «¿Cómo esto me está impidiendo hacer lo que yo deseo?». Observa las decisiones que tomas empujado por este miedo y las repercusiones que tienen. Pregúntate: «¿Qué puedo hacer, basándome en el poder, para cambiar esta situación?». Empieza a hacerlo interiormente. Reconoce los tres pasos que puedes dar para afrontar el Imán, y dalos a continuación.

La Zona del Poder y las seis elecciones de alta energía

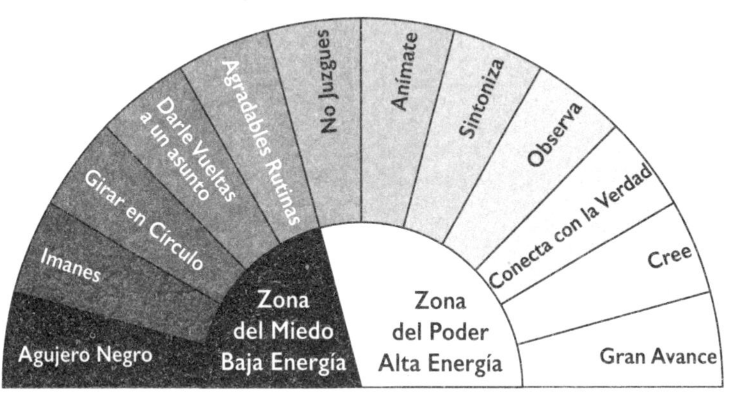

7

No Juzgues

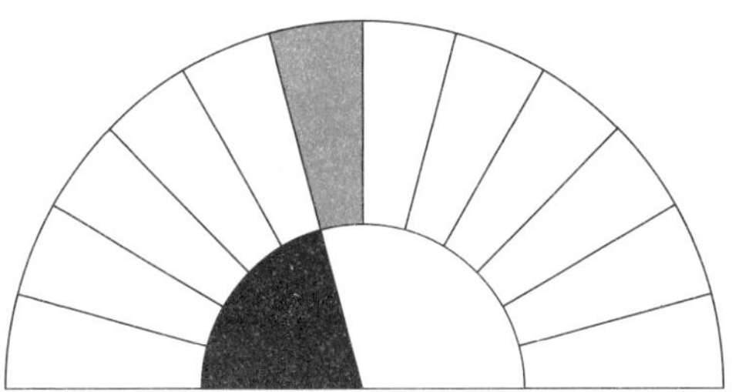

¿Has tenido alguna vez una sólida opinión sobre una persona o una situación y has acabado descubriendo que estabas totalmente equivocado? Este capítulo explica el limitador papel que los enjuiciamientos desempeñan en tu vida y cómo, al aprender a No Juzgar, se abre ante ti un mundo de Grandes Avances. La siguiente historia te muestra lo fácil que es sacar precipitadamente una conclusión equivocada.

Gillian se había dado el gusto de comprarse un hermoso sofá de diseño tapizado con un brocado rojo y dorado. Era el mueble más caro que había comprado en toda su vida, pero el sofá hacía juego con su casa de piedra rojiza de finales del siglo XIX. Al mudarse a un hogar más moderno, vio que el sofá ya no le quedaba bien, y como era muy grande, tuvo que guardarlo en el garaje.

Peter, el contratista que estaba trabajando en su casa, entendió mal la situación, y al detenerse el camión de las entregas, le dio el sofá al conductor. Cuando al volver Gillian se enteró de lo que había ocurrido, se puso fuera de sí. Aunque se había planteado vender el sofá, sin duda no quería regalarlo. Peter se sintió fatal y le dijo que intentaría localizar al conductor, y al dar con él, este le dijo que por el momento no podía pagar el sofá. Gillian se puso a darle vueltas al asunto: «Se está aprovechando de mí, sabe que no puedo recuperar el sofá y me está poniendo entre la espada y la pared para que se lo venda por cuatro chavos».

Peter se sentía tan mal que se ofreció a pagarle el sofá con su propio trabajo. Gillian dejó de preocuparse por él y pensó: «¿Por qué estoy tan enojada por el sofá si de todos modos lo había dejado en el garaje porque no quedaba bien en mi nueva casa? No tengo tiempo de dedicarme a venderlo. Quizás estaba destinado a que se lo regalara al conductor del camión». Gillian le comunicó a Peter que le dijera a ese hombre que se lo podía quedar y que disfrutara de él. Más tarde ella se enteró de que el conductor se sentía de lo más agradecido. Dijo que su mujer había estado luchando con un cáncer y que todo el dinero que tenían se había ido en las facturas médicas. Pero que ahora le había podido regalar el sofá el día de San Valentín. A su mujer le había encantado. Gillian se alegró mucho al oírlo.

NO JUZGUES

Al abandonar todas tus interpretaciones y opiniones sobre los demás, sobre los resultados y ante todo sobre ti, sales de la Zona del Miedo de las elecciones de baja energía y tus posibilidades aumentan.

Todos hacemos cientos de juicios de valores cada día, y pocas veces podemos comprobar que la mayoría de ellos son inexactos. Al hacer un juicio de valor, sacas una conclusión basada en los razonamientos, las distinciones, las evaluaciones y las comparaciones. Todos hemos sacado precipitadamente alguna vez una conclusión equivocada, hemos malinterpretado algo o juzgado a los demás basándonos en la primera impresión. Gillian era la primera vez que oía hablar del conductor del camión y supuso automáticamente que quería aprovecharse de ella. Y se equivocaba. Piensa en cómo tú también haces lo mismo. No conoces a alguien. Ni siquiera llegas nunca a verlo en persona, pero conoces su reputación, o si es un compañero de trabajo, has oído hablar de los proyectos en los que ha estado participando. Quizá trabaja con un colega o con un amigo tuyo. Y sin duda ya te has hecho algunos juicios sobre él (a veces los llamas opiniones o hechos). ¿Tiene algún sentido hacerlo?

Aunque lo cierto es que la mayoría de nosotros seguimos reservando nuestros juicios de valores más duros y críticos para nosotros mismos. Por ejemplo, juzgamos la rapidez o la eficacia con la que manejamos las situaciones nuevas. Pero el aprendizaje y el dominio aparecen en una secuencia y tú no puedes saltar de la A a la Z. ¿Te acuerdas de cuando aprendiste el abecedario? Cuando yo iba al parvulario, la señorita Seidenkranz nos enseñaba cada día una nueva parte del alfabeto. Cada mañana yo estaba deseando ir al colegio para aprender la siguiente secuencia de las letras del alfabeto. Como no tenía ninguna forma de controlar mi rendimiento y no sabía las letras que me faltaban por aprender, no juzgaba ni evaluaba el proceso, ni tampoco a mí misma. Simplemente me gustaba cantar la canción del abecedario. Me concentraba en aprenderlo y en pasármelo bien.

La investigación realizada por Marilyn Kourilsky, profesora de Pedagogía de la Universidad de California en Los

Ángeles (UCLA), revela que el 97 por ciento de los párvulos piensan de una manera original, en cambio a los 30 años solo hay un 3 por ciento de personas que lo hagan[1]. ¡Qué maravilloso sería si pudieras seguir manteniendo ese entusiasmo en la vida cotidiana!, ¿no te parece? Te has cerrado porque has sido maltratado por una vida llena de evaluaciones prematuras hechas por ti y por los demás. Una asesora de empresas me contó en una ocasión que por cada nueva idea que tenía recibía normalmente nueve críticas distintas. Nos han hecho perder el entusiasmo. Por eso la primera reacción que la mayoría tenemos ante una situación es juzgarla o criticarla.

¿Te juzgas a ti mismo si no haces algo bien a la primera? Si eres como la mayoría de la gente, en tu interior debe haber unas duras voces que critican casi todo cuanto haces. Las escuchas a veces en un momento de descuido:

Has tomado una mala decisión.
Deberías haber tenido más vista.
Podrías haberlo hecho mejor.

La próxima vez que oigas a este molesto juez interior, haz lo mismo que harías con un amigo que suelta unos comentarios negativos sobre sí mismo y dite que has de dejar de juzgarte.

¿Por qué cambiar?

La habilidad de No Juzgar te conduce a la Zona del Poder. Esta elección te ayuda a salir de la Zona del Miedo, el lugar al que posiblemente irás a parar después de hacer alguna clase de juicio negativo. Al No Juzgar te abres a las posibilidades que tienes ante ti y te ahorras una enorme cantidad de disgustos y estrés. También es una de las mejores formas de no caer en el Agujero Negro. Por terrible que parezca una situación, si te resistes al impulso de tomar rápidamente una postura, dejarás que se cumpla una posibilidad que no es tan mala como parece y quizá cree unos grandes resultados que no esperabas.

Tal vez, al tener que encontrar una nueva canguro para tu hijo y estar preocupado por si a él le afectará el cambio, descubres que esta nueva situación os estimula a los dos. O quizás, al tener que reorganizar tu vida sin desearlo o cambiar de lugar de trabajo, descubres que este cambio es mejor de lo que habías imaginado. A una amiga mía de California que trabajaba en una compañía de informática, en una ocasión la despidieron, y al cabo de dos años estaba ganando el doble en un puesto que nunca habría solicitado de haber seguido con su primer trabajo.

Cuantas más veces No Juzgues, más serena se volverá tu vida. Te lo tomarás todo con más filosofía y te apegarás menos emocionalmente a los altibajos de la vida. Aunque no debes confundirlo con ser menos eficaz que antes. En realidad, significa que estás trabajando con el poder exponencial del Campo, porque puedes pensar con más claridad, sin estar presionado por tanta carga emocional. Al No Juzgar entras en una frecuencia más alta que te permite beneficiarte directamente del poder exponencial del Campo y en la que las acciones son más poderosas. No estarás disgustado ni cegado por el miedo y podrás alcanzar una nueva sabiduría. Cuando No Juzgas, disfrutas más de la vida al no estar limitado por tus opiniones. Y al no disgustarte pierdes menos energía. ¿Te acuerdas de lo furiosa que Gillian se puso y de la energía que perdió juzgando al camionero? La historia acabó de una forma totalmente distinta a como ella se la había imaginado.

No Juzgar es quizá la elección de alta energía más importante porque te permite acceder a unas posibilidades que ni siquiera habías imaginado. Al No Juzgar, no entras en una espiral de pensamientos negativos y puedes hacer unas elecciones más poderosas y menos obvias. Conectas con el Campo y experimentas con frecuencia creativos y Grandes Avances, mejoran las relaciones personales que mantienes a nivel personal y disminuye la negatividad en tu vida. Esa mayor perspectiva te da más equilibrio. Actúas de acuerdo con tus intenciones tanto en el trabajo como fuera de él. Por eso al final del día tienes más energía y muchas menos posibilidades de sufrir un desgaste emocional.

Al No Juzgar puedes hacer muchas elecciones que ni siquiera te habías planteado. Abandona todas tus habituales ideas sobre la vida y ábrete a una nueva perspectiva, tanto en casa como en el trabajo. Al distanciarte de una situación y participar en ella al mismo tiempo, sabes cuándo has de poner el punto muerto en lugar de pisar el acelerador y meter la directa.

La antigua forma de actuar

En la vida, la mayoría de nosotros nos hacemos ideas de las personas que conocemos, e interpretamos los acontecimientos que nos han llamado la atención. Pero al juzgar estás activando sin saberlo una cadena de acontecimientos. Conectas con el Campo sin darte cuenta, enviando tu energía hacia unas direcciones en las que quizá no desees enviarla. Sacar una conclusión significa dar por zanjado el asunto. El fin del proceso. No más posibilidades. En cuanto haces un juicio de valor, te apegas a una determinada forma de abordar la situación y limitas los posibles resultados. Las cosas no son siempre lo que parecen, y cuando te limitas a un punto de vista, estás cerrando la puerta a otras posibilidades.

Cuando sacas conclusiones de manera precipitada, estás avanzando a toda velocidad e inventando más reglas y regulaciones, basadas en el control, por eso haces elecciones de baja energía.

La nueva forma de ser

Cuando No Juzgas, puedes acceder a todas las otras elecciones de alta energía. Como juzgar es lo que solemos hacer en cuanto seres humanos, tal vez te cueste mucho abandonar este hábito. Pero a base de práctica descubrirás que cada vez te resulta más fácil No Juzgar. Las siguientes sugerencias te ayudarán a desarrollar esta habilidad:

1. No Juzgues a los demás

En la treintena viví en Laguna Beach, California. Una mañana, al salir con el coche para ir a trabajar, tomé la I-5, el mismo trayecto de siempre. Cuando estaba conduciendo a unos 60 kilómetros por hora, un Honda azul, que salía del aparcamiento de un centro comercial, apareció de pronto en mi camino. Di un frenazo y estuve a punto de empotrarme contra un árbol de una rotonda. El corazón me latía tan deprisa que parecía que se me iba a salir del pecho. Había evitado chocar con el otro coche por los pelos. Al girarme, todo cuanto pude ver fue la parte posterior de la cabeza de la conductora alejándose rápidamente del lugar. ¡Qué increíble! Ni un gesto. Ni una señal con la cabeza. ¡No se disculpó en absoluto por haber estado a punto de provocar un accidente!

Durante todo el día no pude dejar de pensar en el incidente. Aparte del sobresalto que me había producido, también estaba asombrada del cinismo de aquella mujer. Fue como si me hubiera dado una bofetada. ¿Cómo alguien podía ser tan desconsiderado? Aunque no me hubiera visto al salir del aparcamiento, sé que me vio cuando me salí del carril al dar el frenazo. Al final del día ya me había imaginado que aquella mujer era una insensible, una pasota y una engreída. Y además una pésima conductora. ¡Me hubiera encantado poder anotar la matrícula de su coche! Y para empeorar más aún las cosas, me había arruinado el día.

Aquella tarde llegué a casa hacia las siete y aparqué el coche en el mismo lugar de siempre, en un garaje abierto que quedaba cerca de mi apartamento. Estaba malhumorada y lo único que quería era meterme en la cama. A la mañana siguiente, cuando estaba a punto de salir del garaje, vi que me habían dejado una nota bajo el limpiaparabrisas del coche. Ponía:

Soy la mujer con la que esta mañana has estado a punto de chocar. ¡No sabes cuánto lo siento! Al salir del garaje y mirar por el retrovisor no te vi porque estabas en el punto ciego. Después del incidente, vi que no te había pasado nada, pero me fui porque me sentía muy avergonzada. Todo el día me he sentido fatal, y al llegar a casa y ver que tu coche estaba aparcado junto al mío, no me podía creer la suerte que he tenido. Por favor, acepta mis disculpas.

Tu vecina

Me quedé asombrada. Había estado desperdiciando todo el día en la oscuridad del Agujero Negro, pensando cosas horribles sobre aquella mujer. Y me había asegurado de contarle a todo el mundo la historia, intentando también arrastrarlos con mi drama y negatividad al Agujero Negro en el que yo había caído. Después de todo lo que yo había dicho y hecho, vi lo mal que me había comportado y lo absurda que había sido mi conducta. Aunque era normal que me hubiera enojado al haber estado a punto de tener un accidente, había elegido dirigir mi enfado hacia aquella conductora y hacerla responsable de él.

VIVIR EN EL CAMPO CUÁNTICO

Piensa en una ocasión en la que sacaste una conclusión precipitada.
¿Cómo te alteró el día?

2. No Juzgues los resultados

La realidad no es siempre lo que parece. ¿Cuántas veces has sacado una conclusión sin tener toda la información necesaria? Mi amiga Linda McCallum lo llama «evaluación prematura», ¡y tú ya sabes lo embarazosa que puede ser! Las evaluaciones prematuras surgen en un santiamén. Son tan automáticas que no te das cuenta de lo que has puesto en movimiento.

George, un hombre que había enviudado después de estar casado durante 43 años, me dijo hace poco: «Cuando yo no encontraba algo, siempre acusaba a mi mujer de haberlo cambiado de lugar. Pero ahora he visto que soy yo el que sin darme cuenta no lo dejo en su sitio. Supongo que siempre lo he estado haciendo. Ahora me entristezco mucho al pensar en todos esos años que hemos estado discutiendo por mi culpa por algo tan estúpido».

Con el paso de los años he advertido que mi vecino Douglas saca la misma conclusión prematura de Donna, la mujer de la limpieza. Una mañana en la que no podía encontrar las llaves —siempre las dejaba colgadas en la pared—, se enojó porque creía que Donna las había puesto en otra parte. Irritado, rebuscó por los cajones de la cocina para encontrar otras, y al final se fue a trabajar. Al volver a casa e ir a abrir la puerta, se sorprendió al ver las llaves puestas en la cerradura. La noche anterior, al abrir la puerta de la entrada, se había ido a la cama dejándoselas en la cerradura.

Probablemente de pequeño te enseñaron a pensar, al igual que a mí, que algo es correcto o incorrecto, que está bien o mal. Pero desde la perspectiva del campo cuántico, no son más que dos de las numerosas realidades posibles, y esta actitud limita muchísimo tu visión. Procura no juzgar el Agujero Negro como una situación negativa y un Gran Avance como algo positivo, ya que esta actitud te hace sacar conclusiones prematuras y te impide experimentar lo que está ocurriendo ante ti. ¿No te ha pasado alguna vez que te has esforzado mucho en conseguir algo, no lo has logrado, y luego has visto que tu fracaso era en realidad una bendición? En una ocasión trabajé en la industria bancaria de Nueva York con un equipo que quería conseguir un prestigioso negocio de 60 millones de dólares. Todo el proceso nos llevó más de un año. Al final lo logramos junto con otra compañía. Ganarnos a este nuevo cliente nos había costado tanta preparación y trabajo que me sentí desolada cuando nos designaron para ser los proveedores de refuerzo y no los principales.

Tanto nosotros como nuestros competidores habíamos valorado el negocio competitivamente y habíamos bajado nuestros márgenes drásticamente a cambio de recibir grandes ingresos continuados. Más tarde, el cliente tuvo que hacer enormes recortes y los ingresos no estuvieron a la altura de los pronósticos que se habían hecho. Nuestros competidores al final no sacaron ningún beneficio económico del negocio. En cambio nosotros, al ser los proveedores de refuerzo con unos márgenes más altos, no perdimos dinero y pudimos aprovechar la siguiente oferta después de que el cliente se recuperara de sus tribulaciones.

Esto me recuerda una de mis parábolas favoritas, que se desarrolla más o menos de la siguiente manera: un campesino tenía un hijo que se había ido de casa y todo el mundo decía: «¡Qué mala suerte!». Pero un día volvió con un caballo que había encontrado, y entonces toda la gente empezó a decir: «¡Qué buena suerte!». Pero más tarde el joven mientras montaba se cayó del caballo y se rompió una pierna, y todo el mundo exclamó: «¡Qué mala suerte!». Poco tiempo después se desató una guerra y empezaron a reclutar a los jóvenes del lugar, pero el hijo del campesino se libró de ir a ella, y toda la gente dijo entonces: «¡Qué buena suerte!».

Y la historia va siguiendo en la misma tónica. Lo más importante es que pueden pasarnos una infinidad de cosas buenas y malas y que, dependiendo de la parte de la historia en la que estés, tu percepción cambia. Este es el riesgo que tiene evaluar prematuramente una situación: malgastas tu tiempo y energía en algo que quizá ni siquiera sea cierto. Puede que más tarde veas la razón por la que ha ocurrido algo, o puede que no.

VIVIR EN EL CAMPO CUÁNTICO

¿Cuándo juzgaste que una situación era negativa y al final descubriste que era positiva?
¿Qué aspectos de tu vida se vieron afectados por tu prematura evaluación?

3. No te Juzgues a ti mismo

Si puedes No Juzgar a los demás, has de poder hacer lo mismo contigo. El siguiente ejemplo te muestra cómo una mujer lo logró. Patrice hacía mucho tiempo que quería tener otro hijo. Ella y su marido habían tenido que esperar ocho años para tener el primero, y ocho más para volver a quedar embarazada. Pero Joe nació prematuramente tres meses antes de lo previsto y solo vivió una semana.

Patrice cayó en el peor Agujero Negro de toda su vida. Solo pudo salir de él al aferrarse a algo más importante que ella misma. Vio con gran claridad que su misión era encontrar un niño con problemas que nadie más quisiera. Patrice y su familia se embarcaron en el largo proceso de adopción: búsqueda, entrevistas, papeleo y una infraestructura de apoyo. Aquel año Aaron llegó a sus vidas poco antes del día de Acción de Gracias. Era el bebé de una madre adicta al *crack* que sufría un trastorno por déficit de atención e hiperactividad, un déficit de atención y varios desequilibrios químicos. Al haber sido retirado de su hogar, había estado viviendo en ocho hogares de acogida distintos.

Enseguida se dieron cuenta de que Aaron les daría mucho trabajo. Solía tener violentos ataques de rabia, y en el colegio siempre se estaba metiendo en problemas. Sus esfuerzos para manejar a Aaron hicieron que la relación que Patrice mantenía con su marido se resintiera, y también la que mantenía con su hijo mayor, que se volvió retraído, enfermó y faltó muchos días al colegio. Los gastos económicos causados por las necesidades médicas de Aaron aumentaron. Al igual que la violencia que él creaba. Patrice sintió que le estaba fallando a su propia familia.

Al comprender que quizá tendría que desprenderse de Aaron, dejó de juzgarse a sí misma como una mujer que le estaba fallando a su familia y al hijo que creyó debía adoptar. Después de reflexionar en ello, se dio cuenta de que no estaba destinada a tener a Aaron para siempre. Los psicólogos creyeron que el niño estaría mejor en un hogar en el que fuera hijo único. En aquella época también apareció un hombre sin pareja que se encontraba al final de la veintena, procedente de Rhode Island, un asistente social que asesoraba a los niños problemáticos y que quería adoptar a un niño. Patrice me comentó más tarde: «Todo ese tiempo había estado creyendo que yo era una fracasada. Pero lo que aprendí es que mantuve a Aaron a salvo hasta que apareció la persona con la que estaba destinada a estar durante mucho tiempo». Patrice había sacado una conclusión prematura al verse como una fracasada, cuando en realidad le había dado a su hijo Aaron exactamente lo que él necesitaba.

«Debería» es una palabra de baja energía. Elimínala de tu vocabulario, sobre todo si se refiere a ti. No seas tan tiránico acerca de cómo deberías reaccionar en una determinada situación. Cuando cometas un error, aprende de él y deshazte de la carga emocional que acarrea. Mientras la historia está ocurriendo, tú no puedes saber cómo va a desarrollarse, y sobre todo ignoras el final que va a tener. Por eso es tan importante no sacar conclusiones prematuras, en especial cuando estás en la Zona del Miedo.

VIVIR EN EL CAMPO CUÁNTICO

Piensa en una ocasión en la que te juzgaste con mucha dureza.

Cuando en lugar de juzgar una situación, decides aprender de ella, ¿qué ocurre?

Pon el punto muerto

Cuando me saqué el carnet de conducir a los 16 años, mi primo Gayle me enseñó a utilizar el cambio de marchas manual. A mí me costó mucho aprender a usarlo con su moderno coche rojo de cinco marchas. Confundía la primera con la cuarta, y nunca lograba poner la marcha atrás. Aprendí rápidamente que la forma más rápida de cambiar de marcha era pasar por el punto muerto. Aunque me obligaba a hacer un movimiento más, ponía la siguiente marcha con mayor soltura.

Este es el secreto para no sacar una conclusión prematura. En lugar de hacerlo, pon el punto muerto. De ese modo te abres a una nueva perspectiva. Sin duda ya debes de haberlo experimentado cuando:

- En una discusión con tu pareja o con tu hijo os tomáis un descanso.
- En una reunión en la que os dedicáis a generar nuevas ideas, todas ellas son bienvenidas.
- No acusas a alguien hasta que se demuestre su culpabilidad.
- Te niegas a difundir un chismorreo.
- Esperas a conocer todos los hechos antes de tomar una decisión.
- No echas la culpa al mensajero.

Si logras mantener la calma cuando las cosas no te salen como tú querías, estás creando el espacio que necesitas para encontrar una solución rápidamente. Si estás enojado porque tu hijo adolescente no volvió ayer por la noche a la hora que tú le habías marcado, lo más probable es que al cenar juntos por la noche crees un ambiente no demasiado armonioso. En cambio, cuando pones el punto muerto, recuperas la calma y sabes cuál es la siguiente marcha que has de poner para tomar la dirección correcta.

Todos sentimos el deseo de juzgar a diario lo que oímos, vemos y pensamos. Pero cada vez tienes una elección, ¿pasas directamente a la acción o antes pones el punto muerto? Una de las formas más rápidas de poner el punto muerto es observar la primera reacción emocional que una situación te produce. Pregúntate: «¿Qué aspecto mío ha desencadenado esta situación?». Escucha este diálogo interior como si estuvieras escuchando a tu mejor amigo desahogándose contigo.

Estos desencadenantes de la Zona del Miedo no van a desaparecer, pero si los reconoces perderán mucha fuerza. Las elecciones de la Zona del Miedo actúan en una frecuencia tan baja del espectro de la energía que te impiden trascenderla. Por más luz y amor que proyectes en la Zona del Miedo, no podrás cambiar esta frecuencia. La respuesta está en la aceptación. Tal como oí decir a David R. Hawkins en una ocasión: «Por más bien que trates a un dragón de Komodo [pequeña isla de Indonesia], siempre acabará devorándote».

Observa los aspectos de tu ser del mismo modo. Tu tarea no es transformarlos, sino escucharlos y aceptarlos. Al hacerlo, estás poniendo el punto muerto con todo tu poder. Cuando aceptas estas diversas realidades tuyas, incluyendo las de una baja energía, tu frecuencia aumenta. Al reconocer y aceptar esos aspectos tuyos de la Zona del Miedo, tu frecuencia sube en el acto. ¡Lo curioso del caso es que en ese momento es cuando los trasciendes! Los experimentos físicos de Erwin Schrödinger realizados en la década de 1930 confirmaron que no podemos observar o medir un objeto sin que lo afecte a él o a nosotros. Por eso, aunque no conozcas la solución de un problema, si al menos puedes observar la reacción que te está generando (por ejemplo, exaltación), podrás influir en la situación. Cuando eres consciente de la carga emocional que acarrea una situación, ya no te golpea con tanta fuerza y la propia emoción acaba desapareciendo.

Este desapegado estado de observación es clave. A lo largo del día sentirás muchas emociones, es algo muy normal. Pero si una situación te produce una reacción desmedida, has de ver que algo lo ha causado y aceptarlo. Concéntrate en la carga emocional que acarrea e identifícala (por ejemplo, ira, miedo, tristeza). Y luego relájate respirando hondo varias veces, caminando, bebiendo agua o comiendo algo que te calme. Si estás limitado físicamente, porque estás sentado en una reunión o en un avión, apártate del escritorio o levántate del asiento. Y deja que la situación pase. Olvídate de ella. La mayoría de nosotros respondemos a nuestra primera emoción y actuamos sin pensar. Resístete a este impulso. En su lugar, pon el punto muerto.

La psicóloga Gabriele Hilberg me dijo en una ocasión: «No te fijes en la primera cosa que una persona haga. Fíjate en la segunda». Cuando estás dispuesto a poner el punto muerto y a no juzgar a tu jefe, a los compañeros de trabajo, a tu familia, a tu pareja, a los amigos, a los desconocidos que se cruzan en tu camino, y ni siquiera a las personas que aparecen en las noticias del periódico, te abres a unas frecuencias más altas. Puedes acceder a todas las otras elecciones de alta energía y al potencial que te ofrecen.

En cambio, si eliges apegarte a tus emociones, reviviendo viejas historias y situaciones que desencadenaron otras, juzgarás todas las cosas. El juego de «echar la culpa a los demás» (un pasatiempo de baja energía) parece formar parte de la vida cotidiana, pero cuando usas tu energía para culpar a los demás, la situación cambia, te saca del punto muerto y te lleva

a las emociones. Cuando te ocurra, sé consciente de ello y
vuelve al punto muerto. Tu esposo se olvida de vuestro aniver-
sario y tú te sientes ofendida y resentida. Puedes advertir esta
reacción tuya y sacar la prematura conclusión de que a él no
le importa ese día tan especial y que, si te quisiera de verdad,
se habría acordado de celebrarlo. O elegir detenerte después
de advertir en ti esta emoción. Todos nos sentimos decepcionados a veces, y aunque sea una emoción de lo más normal,
al no juzgar la situación puedes poner el punto muerto e ir a
la zona del espectro de las elecciones de alta energía, porque
la carga emocional que acarreaba la situación ya ha desaparecido. Puedes verla de una forma que antes no se te habría
ocurrido. Incluso puede parecerte un milagro. Intenta hacerlo durante una semana y experimenta los resultados por ti
mismo.

VIVIR EN EL CAMPO CUÁNTICO

*Piensa en situaciones que te produzcan una reacción
automática.*
*¿Cómo cambiarían estas situaciones si pusieras el
punto muerto?*

Dar de lleno en la diana

La pasada primavera mi amiga Lupe se percató de que alguien había golpeado el arbolito que había frente a su casa.
Parte de su corteza había desaparecido y el árbol se inclinaba
hacia la acera, molestando a los transeúntes que pasaban por
el lugar. Mi amiga no tenía idea de qué le había podido ocurrir al arbolito, porque antes estaba a un metro de distancia

de la calle. Un día su vecina le dijo que los tres empleados que estuvieron trabajando en su propiedad durante el invierno habían golpeado el árbol sin querer mientras uno de ellos daba marcha atrás para aparcar el camión grúa entre las dos casas.

Lupe llamó a Mike, el propietario de la compañía, le contó lo que había ocurrido y le pidió que enderezaran el árbol. Después de que los dos se hubieron dejado varios mensajes en el contestador, él fue a verla en persona y negó con insistencia que sus empleados le hubieran dado un golpe al árbol sin querer. «En ese punto —me contó Lupe— decidí olvidarme del asunto. Aunque lo más probable fuera que uno de ellos le hubiese dado un golpe con el camión grúa, pensé que quizá mi vecina estaba en un error. Pero no pensaba preocuparme por el incidente un minuto más». Le dijo a Mike que le creía y él se fue.

Tres semanas más tarde Mike fue de nuevo a verla acompañado de sus empleados para pedirle perdón. Era evidente que lamentaba lo ocurrido. Al parecer, uno de sus empleados había golpeado el árbol sin querer y se lo había dicho, pero él lo había olvidado. Y cuando había ido a ver al supervisor para confirmar la historia, había recibido una información errónea. (¡Lupe se preguntó si la memoria se le había refrescado después de sacar una conclusión prematura sobre ella y quejarse a sus empleados sobre aquella loca que le había llamado!). Tras pedirle perdón por quinta vez, se fueron. «Me alegré de que el misterio se hubiera resuelto, pero lo que más me complació fue mi decisión de no juzgar la situación —me contó Lupe—. En lugar de estar resentida, he disfrutado de tres semanas de paz, y ahora que todo se ha aclarado, también me siento muy tranquila, porque he estado aprovechando el tiempo en unas actividades de alta energía, en vez de obsesionarme, quejarme y repetir la historia a diestro y siniestro». Si aprendes a poner el punto muerto, tú también tendrás una vida más tranquila y poderosa.

RESUMEN

- La habilidad de No Juzgar te conducirá a la Zona del Poder. Esta elección te ayudará a salir de la Zona del Miedo, el lugar al que probablemente irás a parar después de hacer alguna clase de juicio negativo.
- No Juzgar te impide caer en el Agujero Negro, porque te permite hacer elecciones más poderosas y menos obvias.
- Cuando No Juzgas disfrutas más de la vida al no estar limitado por tus opiniones. También pierdes menos energía al no disgustarte.
- No Juzgues a los demás.
- No Juzgues los resultados.
- No te Juzgues a ti mismo.
- Pon el punto muerto. Una de las formas más rápidas de hacerlo es observar tu primera reacción emocional ante una situación.
- Procura No Juzgar el Agujero Negro como una situación negativa, y un Gran Avance como algo positivo, porque esta actitud te hace sacar conclusiones prematuras y te impide experimentar lo que está ocurriendo ante ti.

8

Anímate

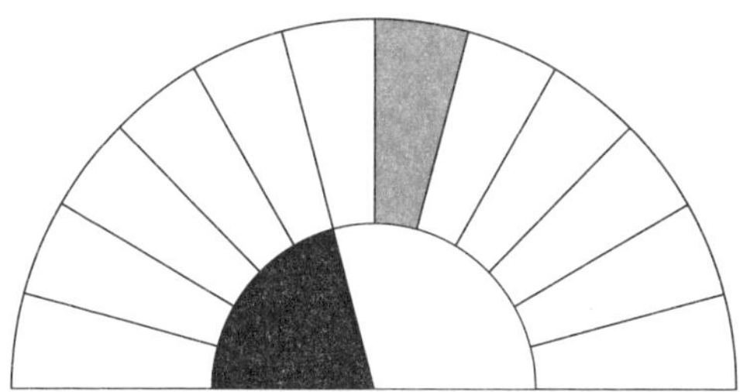

¿Te ha ocurrido alguna vez estar muy estresado, y mientras sentías cómo ibas cayendo rápidamente por la pendiente de la Zona del Miedo del Espectro de la Energía, decidir de pronto reírte de la situación? ¿O te has sentido en alguna ocasión tan estresado que no has podido evitar echarte a reír en una situación que parecía de lo más inapropiada para ello? Tanto si eres tú el que eliges reírte como si es la risa la que te elige a ti, decide siempre Animarte. Este capítulo analiza cómo este pequeño cambio energético produce grandes resultados al instante y te lanza de nuevo a la Zona del Poder.

Cuanto más en serio te tomas, más necesitas Animarte. En una ocasión estuve trabajando en una oficina situada en el entresuelo del Marriott, el centro comercial de la avenida Michigan, en Chicago. Era un lugar de trabajo inusual y agradable. Como estaba rodeada de tiendas de ropa, salir al lavabo ya era una gran distracción para mí.

La propietaria coreana de una tienda de artículos de importación que había en la planta baja tenía un perro pequinés que siempre llevaba lacitos en la cabeza y que estaba loco por mí. Cada vez que yo pasaba por delante de la tienda, me detenía para acariciar a mi amiguito. Y él se ponía a ladrar loco de contento y a brincar a mi alrededor. Un lunes en el que tenía un día muy ocupado, salí unos momentos de la oficina para ir al lavabo. Al volver, me detuve un minuto para acariciar al perro. Pero al irme, salió disparado de la tienda, ladrando como un loco, y me siguió por la planta baja.

—¡No me sigas! —le dije como si fuera a hacerme caso. Pero el pequinés se convirtió en mi sombra. Cuanto más rápido caminaba yo, más corría él.

Oí que la propietaria de la tienda corría tras él gritando con un marcado acento coreano:

—¡Espere! ¡Espere! —Y luego me pareció oírle decir en inglés algo como: «¡My dog charm! ¡My dog charm!». [¡Mi encantador perro! ¡Mi encantador perro!]

«Jolín», pensé. «Tranquilízate y haz que tu perro te obedezca».

Pero la mujer coreana siguió intentando llamar mi atención. Mantenía una animada conversación a mis espaldas, pero yo no podía entender una palabra de lo que me estaba diciendo. Al darme la vuelta, vi de pronto tras de mí una larguísima tira de papel higiénico. Aquella mujer me había estado intentando decir que su perro estaba «persiguiendo el Charmin», una marca de papel higiénico.

El tiempo se detuvo.

Creí que el rollo de papel higiénico se me había pegado al zapato, y al agacharme para quitármelo, descubrí horrorizada que la falda se me había quedado metida en los pantis y que había estado mostrando mi trasero a todos los del entresuelo y probablemente a algunas personas de la planta baja. Rompí de un tirón la tira de papel y corrí a refugiarme en mi oficina. Durante los siguientes diez minutos estuve riéndome a carcajadas mientras le contaba a Wendy, mi ayudante, lo que me había pasado. Nunca más volví a ponerme aquella falda, pero no puedo desprenderme de ella, porque cada vez que la veo me Animo en el acto.

ANÍMATE

Al Animarte, la intensidad de la situación cambia y puedes actuar de una nueva forma que te catapulta a la Zona del Poder.

Cuando te ríes, tu organismo libera endorfinas y la química modifica tu estado físico. La risa hace que tu energía cambie de baja a alta. Cuando estás ocupado, nervioso, haciendo varias cosas a la vez y moviéndote deprisa, y sientes que no podrás terminar todo lo que aún tienes pendiente, lo más probable es que estés en la Zona del Miedo, el lugar de estrés físico al que vas cuando haces elecciones de baja energía. ¡Sal de él! ¡Supérate a ti mismo! Anímate.

¿Por qué cambiar?

Animarte es una forma rapidísima de hacer elecciones de muy alta energía. La risa te permite distanciarte de la intensidad y el drama de la situación. Detiene los círculos de baja energía que estás creando. Te ayuda a ver la situación con claridad y objetividad y te da un respiro. Te permite al instante poner el punto muerto, porque te distancias de la situación. Y cuando actúas a este alto nivel, irradias una energía que es contagiosa. Es asombroso ver cómo la gente responde cuando estás alegre y vives el momento. Captan tus buenas vibraciones, tolerancia e intensidad. Es un espacio muy agradable.

Sea cual sea la situación en la que estés, siempre puedes elegir cómo responder a ella, y se vuelve más soportable si conectas con tu sentido del humor en lugar de hacerlo con la tristeza o el estrés. Y si todo lo demás no te ha funcionado y, a pesar de haber hecho elecciones de alta energía, no lo has logrado y sigues envuelto en una densa niebla —porque algunos días te sientes así—, intenta Animarte. No me refiero a reír de una forma educada y silenciosa, sino a hacerlo con tanta fuerza que todo tu cuerpo se agite y te salten las lágrimas de tanto reír.

Quizá te estás preguntando si este cambio de energía que se produce al reír puedes emplearlo también en momentos de tristeza o de una pérdida. ¡Claro que sí!, pero has de Dejar de Juzgar cómo las cosas «deberían» ser. La madre de Mary y Joan murió después de una larga enfermedad. Cuando llegaron a la funeraria, tanto las dos niñas como su padre estaban exhaustos y faltos de sueño. Cuando estaba a punto de entrar en la sala donde iba a celebrarse el funeral, Mary dijo: «Como toquen el órgano, no podré aguantarme». La puerta automática se abrió y por supuesto sonó la música de órgano. Mary soltó una risita ahogada y Joan intentó contenerse, pero no lo logró. «Chicas, controlaos», les susurró su padre. La persona que dirigía el funeral, silenciosa y sombría, era el estereotipo ambulante de un director de una funeraria. Mientras recorrían el pasillo de la sala para ir a sentarse en primera fila, Mary y Joan intentaron evitar establecer contacto visual para no echarse a reír en medio de la sala.

Al ir al despacho para rellenar los papeles, el director de la funeraria no les preguntó el nombre de soltera de su madre, sino el de su abuela. Tanto Mary y Joan como su padre le dieron distintos nombres. Entonces ya no pudieron aguantarse más. Estallaron los tres en unas risitas ahogadas. Y al ver la expresión mortificada del director, aún les entraron más ganas de reír. ¡Los tres coincidieron en que su madre habría sido la que más fuerte se habría reído! Su capacidad para Animarse en aquella situación les permitió tomarse un breve, aunque reparador descanso, del dolor y la pena que sentían.

La antigua forma de actuar

Si eres como la mayoría de la gente, probablemente dejas que el impulso y la intensidad de una situación te lleven al Agujero Negro. En cuanto descubres que has caído en él, intentas mantener la calma de diversas formas y haces un plan para salir de él. Por ejemplo, si pierdes tu trabajo, planeas: «Voy a hacer esto, eso y aquello. Llamaré a una agencia de colocación. Elaboraré un buen currículum. Me moveré y utilizaré mi red de contactos». Pero Animarte resulta mucho más fácil y divertido.

Sin embargo, normalmente nos tomamos la vida demasiado en serio. Antes de leer la siguiente historia, quiero que te pongas en mi piel y que recuerdes una vez en la que lo que más deseaste era causar una buena impresión, para que entiendas mi reacción. En una ocasión, cuando acababa de cambiar de trabajo, tuve que ocuparme, junto con el equipo que tenía a mi cargo, de organizar una reunión que se había programado en una ciudad turística de México. Yo quería causar una buena impresión y todo debía ser perfecto, hasta el menor detalle. Antes de la reunión tenía que tratar una gran cantidad de información con los ejecutivos, y había estado repasando todos los detalles logísticos con mi equipo.

Habíamos programado un descanso a media mañana en el que los camareros del hotel nos servirían café y frutas. Al llegar la hora del descanso, creía que nos servirían discretamente lo que yo había pedido, pero en lugar de ello oí el estrépito de unos platillos, la puerta se abrió de par en par, y un hombre disfrazado de gorila entró de golpe en la sala y se puso a repartir plátanos.

La escena no nos hizo ninguna gracia.

Yo en particular estaba furiosa. Les había dicho claramente que deseaba que nos sirvieran fruta en el descanso, pero al hacerlo no me había referido a que quería un gorila repartiendo plátanos. Todos se volvieron hacia mí como si me estuvieran preguntando: «Pero ¿qué es eso? ¿Qué clase de reunión has organizado?».

En lugar de aprovechar la oportunidad para aligerar la atmósfera y reírme de la situación, acompañé amablemente al gorila fuera de la sala. Como él no hablaba inglés y yo solo conocía algunas palabras en español, nos comunicamos por medio de gestos, con lo que hice que pareciera aún más un gorila. Cuando volví, me disculpé por lo sucedido. Pudo haber sido la ocasión perfecta, si es que la ha habido alguna vez en mi carrera, para Animarme y reírme. Pero no conseguí hacerlo. Yo estaba tan aterrada que creyeron que era una estúpida por haber programado semejante descanso, y aquel día perdí una valiosa oportunidad para conectar con mis colegas.

La nueva forma de ser

Los aeropuertos son un lugar donde la gente podría Animarse un poco más. Como suelo tomar aviones con frecuencia, siempre me sorprende lo enojados y estresados que se muestran los pasajeros cuando hay retrasos. En una ocasión, mientras estaba en el aeropuerto de Heathrow de Londres, se canceló el vuelo que yo iba a tomar. Me puse en una cola con los otros pasajeros para intentar subir al siguiente vuelo. Pero el estadounidense que la encabezaba empezó a reprender al pobre empleado de la línea aérea. Lo trató tan mal que el resto de nosotros nos sentimos incluso violentos al presenciarlo.

De pronto, un caballero inglés, interponiéndose silenciosamente entre el pasajero y el empleado de la línea aérea, dijo:

—Perdone, pero soy un miembro de la policía encargada de velar por la cortesía, y en nombre de todos los pasajeros de esta línea le impongo una sanción.

El estadounidense se volvió, nos miró a todos los que estábamos en la cola, y lentamente empezó a sonreír.

—¡Lo siento! Estoy intentando llegar a casa a tiempo para asistir a la graduación de mi hijo. —Y luego volvió a disculparse.

En casi cualquier situación puedes Animarte, pero para muchos de nosotros esta elección es más fácil de decir que de hacer. Para lograrlo da los siguientes pasos:

1. Ríete de ti mismo

Crea un espacio entre tú y la carga emocional que estás experimentando. El secreto está en mantenerte totalmente presente. Conviértete en un espectador. Describe la situación como si fueras un reportero de *60 minutos* o de tu programa televisivo favorito. El simple hecho de describirla ya hace que la situación se aligere y que quizás acabes riéndote.

Ben, uno de mis compañeros de trabajo, siempre se duerme al despegar el avión. En una ocasión se durmió enseguida profundamente, pero de pronto un fuerte ruido le despertó: el de sus sonoros ronquidos. Incluso había estado babeando un poco. Al ver que todo el mundo le estaba mirando, tosió para despistar a la gente, pero como la treta no le funcionó y los pasajeros no le quitaban el ojo de encima, exclamó de pronto:

—¡Bueno, es evidente que no me da miedo volar!

Piensa en una situación estresante que estés viviendo ahora.

¿Cómo puedes distanciarte de ella?

2. Deja que todo aquello que desencadena emociones en ti te guíe

Te Animarás más deprisa si sabes qué es lo que te produce esas intensas emociones que sientes. Deja que las situaciones que las desencadenan te guíen. Cuando la vida te parezca muy incómoda, dite que has de animarte. Una de mis amigas, que es muy introspectiva y ha estado analizándose a sí misma durante una buena temporada, suele anunciar a los que la conocen bien: «Estoy enojada porque no me sale bien lo que estoy haciendo, y sé que si no consigo hacerlo a la perfección, mi padre me abandonará de nuevo y entonces me moriré». Estas palabras tan ridículas, que describen con precisión la situación que le produce unas intensas emociones, siempre la ayudan a relajarse cuando está tensa.

¿Cuáles son las situaciones que desencadenan en ti emociones fuertes?

¿Cómo puedes Animarte la próxima vez que te encuentres en ellas?

¿Cómo sería escuchar a un observador que describie-
ra estas situaciones de una manera exagerada?

3. Haz cualquier actividad positiva que te ayude a Animarte

¿Qué te ayuda a Animarte? Tal vez sea jugar al golf, escuchar música o tocar un instrumento, hacer ejercicio, bailar, practicar yoga, pintar o estar cerca de niños pequeños. ¿Has notado alguna vez que los niños pequeños son los que más se ríen? Pueden ser un buen modelo de conducta para nosotros. Quizá la actividad que te ayuda a Animarte es cantar, ir al cine u ocuparte del jardín. Para mí hacer ejercicio es una actividad lo bastante intensa como para que haya de esforzarme físicamente y me olvide de mis preocupaciones. También me transformo al instante al poner la casete especial que he grabado con mis canciones favoritas. Animarte no significa que tengas siempre que reírte. Unos cambios más sutiles como los que acabo de describir también van de maravillas. ¡Recuerda que no has de esperar a estar totalmente estresado para intentar Animarte! Hazlo siempre que puedas, aunque las cosas te estén yendo bien. Averigua qué es lo que te sube el ánimo. Disfruta de toda esta energía que liberas. Si has estado disperso, Animarte puede ayudarte a concentrarte, aunque estés yendo a tope, como mi amiga Melanie.

Melanie era una joven muy emprendedora que se sentía atrapada en su trabajo. Quería dejarlo, pero veía que no podía hacerlo por razones económicas. Cada día le parecía más estresante que el anterior. Y para colmo, al ir al extranjero había contraído un virus intestinal, y como no conseguía librarse de él, decidió enviar una muestra de heces a un laboratorio a través de UPS, una empresa de mensajería especializada en envíos rápidos.

Melanie no sabía cuándo tendría tiempo para encontrar una oficina UPS, y de pronto recordó: «¡Si mi compañía utiliza los servicios UPS!». Mientras se dirigía a la sala de los envíos con el paquete de las muestras, se divirtió pensando en lo graciosa que era la situación. Durante el resto del día estuvo esbozando una gran sonrisa y se sintió de lo más Animada.

Pero Melanie sufrió sin proponérselo las consecuencias de su propia broma. Se había fijado en el atractivo vecino sin pareja que vivía en la casa que había detrás de la suya. Un sábado, mientras estaba en el patio trasero, su vecino, que pasaba por allí, se detuvo y le dijo: «He visto que tu casa está en venta». Melanie se ofreció a enseñársela, y mientras lo hacía los dos comentaron casualmente que no tenían pareja. Las cosas estaban yendo sobre ruedas, hasta que llegaron a la cocina. Ella le ofreció un vaso de agua, y al darse la vuelta descubrió horrorizada que su vecino estaba contemplando el sobre que ponía: «¡URGENTE! RESULTADOS DE LAS MUESTRAS DE HECES», y en el que aparecían unas palabras como bacteria e infección. Está de más decir que su vecino nunca la llamó por teléfono. En realidad, se disculpó de pronto diciendo que debía irse y ni siquiera acabó de ver la casa. Ella no volvió a verle el pelo nunca más. Melanie siempre se ríe al recordar el incidente.

VIVIR EN EL CAMPO CUÁNTICO

Describe una ocasión en que una situación se aligeró mucho al reírte de ella.
¿Qué es lo que te hizo reír?
¿Qué actividades positivas te ayudan a Animarte?

Para hacer esta elección de alta energía aprende a Animarte fácilmente, incluso en medio de las circunstancias más difíciles. Mientras estaba en Sudáfrica, asistí a una charla del arzobispo Desmond Tutu. Al final de su emotivo discurso sobre los enormes retos a los que el país estaba haciendo frente, uno de mis compañeros de trabajo le preguntó:

—¿Cómo logra afrontar todo este sufrimiento humano?

A lo que él respondió:

—Con sentido del humor. Encuentre la forma de reírse. Le subirá el ánimo y le ayudará a tener esperanzas.

Un gran chasco

Hace varios años, durante una de las etapas de mi carrera en la que más ocupada estaba, me enviaron a trabajar a Dallas, y decidí echar raíces en ese lugar y crear mi hogar en él. Elegí para ello algunos constructores que se preciaban de «ocuparse de todo».

Pero las cosas se complicaron. Un retraso llevó a otro, y una semana antes de ir a vivir a mi nueva casa, aún quedaban muchas cosas por terminar. El constructor me dijo mirándome a los ojos:

—Le doy mi palabra de que la próxima semana ya estará todo terminado.

Así que escribimos la «lista definitiva» con los detalles de las cosas que faltaban por terminar. Al cabo de seis meses, la lista seguía igual. Estaba furiosa. En la oficina central me dijeron:

—No se sienta mal, señora, usted, a diferencia de otros clientes, al menos vive en su propia casa.

Decidí que debía ser dura con ellos para que me tomaran en serio. Al día siguiente me tomé la mañana libre para poder redactar una detallada carta al presidente de la compañía. Me esmeré mucho en escribir cada problema y cada conversación mantenida en orden cronológico. Al terminar de escribir la carta, no solo la firmé con mi nombre, sino que además añadí mi título de «vicepresidenta regional» y el nombre de mi compañía. Creí que el título me daría más credibilidad. Concluí la carta con una lista de los trabajos que esperaba hubieran terminado al final de la semana. Le recalqué que habían de enmasillar el lavabo, la cocina y sobre todo el cuarto de la lavadora. Ya que, como no habían hecho bien su trabajo, lo más probable era que estas zonas se deterioraran con el agua.

Dos días más tarde, cuando estaba a punto de salir para ir a trabajar, oí el timbre. Al abrir la puerta vi a uno de los trabajadores de la constructora con una sonrisa de oreja a oreja.

—Buenos días, señora, me llamo Jim y el presidente me ha enviado personalmente para que me ocupe de todo cuanto necesite. Sentimos haberle creado tantos problemas.

No podía creer lo que estaba viendo. Le pregunté si necesitaba la lista y me dijo que tenía una copia. Yo le respondí:

—¡Estupendo! Volveré por la tarde. ¿Le va bien quedar a las cinco para repasar la lista?

—No hay ningún problema, señora —me contestó él para mi sorpresa.

Mientras me dirigía en coche al trabajo, me di a mí misma unas palmaditas en la espalda felicitándome. «¿Lo ves, Brenda? Al haberte puesto un poco dura con ellos, ahora todo te va sobre ruedas».

Aquella tarde, al entrar en mi parcela, algunos de los empleados de la constructora que estaban trabajando en el barrio me saludaron agitando la cabeza y moviendo la mano.

Volví a felicitarme a mí misma. Al fin me había ganado su respeto. Jim y yo nos reunimos para repasar la lista, y él me mostró que había terminado todo cuanto había en ella.

Mientras yo estaba tachando todos los trabajos de la lista, él me dijo:

—¿Sabe, señora Anderson? Me da la impresión de que usted es una buena persona. ¿Puedo sugerirle que la próxima vez que necesite enmasillar [*caulking*, pronunciado: «coking»] el baño no debe escribir *c-o-o-k-i-n-g* [cocinar]?

En aquel momento deseé que me tragara la tierra.

Sentí que mi rostro empezaba a adquirir todas las tonalidades púrpura a partir de la más suave. Me sentí humillada. ¿Cómo podía haber cometido un error tan garrafal? Durante los últimos seis meses me había sentido muy frustrada. Los constructores me habían tratado con condescendencia y me habían hecho sentir una estúpida por el hecho de querer que acabaran su trabajo. Pues bien, ahora que el trabajo estaba terminado, yo seguía sintiéndome estúpida y debilucha. No podía sacarme de la cabeza el que me hubiera preocupado tanto por que me «"cocinaran" el lavabo, la cocina y sobre todo el cuarto de la lavadora».

De pronto, sonreí y me eché a reír. Cuanto más reía, menos humillada me sentía. Jim no pudo aguantarse más y también se echó a reír. Acabamos riendo tanto que tardamos cinco minutos en calmarnos. Le dije:

—¡Jim, debes de pensar que soy una cateta!

Y él me respondió con una sonrisa de oreja a oreja:

—Yo no, señora, pero el jefe ha colgado la carta en el tablón de su despacho y está provocando un gran revuelo.

¡Comprendí que al final no habían terminado el trabajo por mi autoritaria postura y tono, sino por mi descomunal error de ortografía!

Al reírme de la situación, la energía tensa y seria que acarreaba se transformó en alegre y cálida. Esta anécdota es una metáfora de la vida, que a menudo es injusta. Yo tenía todo el derecho a estar enojada, aunque esto era solo una realidad. La otra era que ellos tenían todo el derecho a reírse de mi error ortográfico. Elegí la realidad de reírme y de conectar con Jim. Si hubiera elegido la realidad de enfadarme y de persistir en lo injusta de su conducta, hoy este incidente me seguiría preocupando. Pero, en lugar de ello, Jim y yo creamos con esta experiencia un vínculo tan positivo que, durante el tiempo que he estado viviendo en esa casa, él se ha ocupado personalmente de cualquier problema o reparación. Si me hubiera obsesionado con lo que era correcto e incorrecto, nunca habría creado este resultado. Cinco minutos de risa nos hizo volver a la zona neutra del Espectro de la Energía y me ayudó a crear una buena relación con los empleados de la constructora, algo que no había logrado durante los seis meses que me pasé dándoles ultimátums.

RESUMEN

- Cuando ríes, tu organismo libera endorfinas y la química transforma tu estado físico.
- La risa hace que tu energía cambie de la Zona del Miedo a la Zona del Poder.
- La risa te ayuda al instante a ir a la zona neutra del Espectro de la Energía al desconectar de todo lo demás.
- Crea un espacio entre tú y la carga emocional que estás experimentando. Conviértete en un espectador. El secreto está en permanecer totalmente presente.

- Deja que todo aquello que desencadene en ti emociones intensas te guíe. Te animarás más deprisa si sabes
qué es lo que te las produce.
- Haz cualquier actividad positiva que te ayude a Animarte. Tal vez sea escuchar música o tocar un instrumento, hacer ejercicio, bailar, practicar yoga, pintar o
estar cerca de niños pequeños. O quizá sea cantar, ir
al cine, hacer tareas domésticas o ocuparte del jardín.

9

Sintoniza

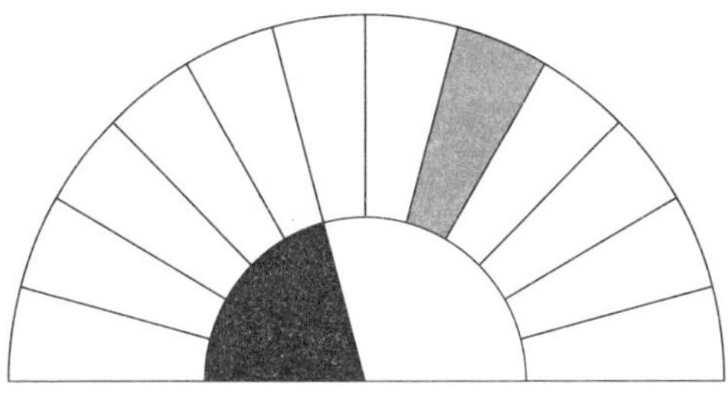

¿Te has sentido desbordado alguna vez al navegar por las superautopistas de la información? ¿Andas por la vida sumido en un trance tecnológico alternando el móvil con el ordenador de mano y el portátil mientras sales disparado a la siguiente cita? ¿Te has olvidado de conectar con el ser humano que tienes delante? Este capítulo te ayudará a Sintonizar con lo que está ocurriendo en este momento.

En la actualidad, la mayoría de los problemas viene de vivir en un estado de desconexión. Este estado surge sobre todo porque estamos tan ocupados que no prestamos atención. O quizás estamos tan metidos en nuestros planes que no podemos ver las cosas desde otra perspectiva. Cuando Sintonizas con la situación, te detienes y estás presente. Pero como todos llevamos una vida tan ajetreada, no es fácil de hacer, como te lo demuestra la siguiente historia.

Yo acababa de estar, durante una semana, dieciocho horas al día, en un congreso en Miami lleno de gente, actividades y crisis. Había decidido programar para el fin de semana una cita de dos días con mi propia cama. Sin teléfonos. Sin ordenadores portátiles. Sin *walkie-talkies*. Sin gente. Solo para dormir. Me entiendes, ¿verdad? Pero en el último momento mis planes cambiaron y acabé volando a la República Dominicana para encontrarme con Hipólito Mejía, en aquella época el presidente del país.

Mi cliente estaba planteándose organizar un acto educativo en la República Dominicana, y el gobierno aún no había confirmado si iba a apoyarle económicamente. Un contacto que uno de nuestros colegas tenía en las altas esferas nos había concertado una cita con el presidente. ¿Y cómo puedes rechazar semejante invitación? Mi vecina me envió mi pasaporte en el último vuelo que salía de Chicago para que pudiera irme de Miami a la mañana siguiente. La fiesta nocturna a la que asistí terminó a la una de la noche, y yo salí del hotel a las cuatro de la madrugada para ir al aeropuerto.

Al llegar a la República Dominicana nos estaban esperando dos funcionarios del gobierno. Mis colegas y yo subimos al Mercedes oficial, junto con dos personas más, incluyendo un general de aspecto muy intimidador. Lo único en lo que yo podía pensar era: «¿Dónde estoy? ¿Cuál es el programa? ¿Quiénes asistirán al encuentro? Tengo hambre y debo de tener un aspecto horrible». Varias horas más tarde nuestros guardaespaldas nos llevaron a un restaurante, pero justo cuando nos estaban sirviendo la comida, los buscas de todos los presentes se pusieron a sonar. El general se levantó de un brinco y salió corriendo del restaurante.

«¡Ahora!», nos gritaron arrancándonos de un tirón de los asientos y obligándonos a salir a la calle corriendo por la acera que rodeaba el edificio. Hambrienta, eché un vistazo a la comida mientras me alejaba de ella. Los guardaespaldas del presidente, alertados por la conmoción, echaron a correr hacia nosotros, pero al ver al general dieron media vuelta. La multitud se partió en dos como el mar Rojo, y el presidente hizo acto de presencia. Las cámaras de los periodistas no hacían más que sacar fotografías de la «gringa» que estaba en medio del grupo.

Me estrujé los sesos intentando recordar: «¿En este país se dan uno o dos besos en la mejilla?». No conseguía recordarlo. Normalmente lo habría averiguado antes de viajar y me habría aprendido un par de frases en el idioma del país. El presidente me saludó en español y me ofreció la cara para que se la besara. Le di un gran beso. Pero como yo estaba un poco desconcertada porque no sabía en qué mejilla dárselo, le dejé sin querer una enorme marca de carmín.

Entonces me preguntó algo en español. Estaba seguro de que yo lo entendía. De pronto empecé a verlo todo a cámara lenta. Se hizo un absoluto silencio. Todas las cámaras y micrófonos se volvieron hacia mí, al igual que el presidente Mejía.

Sintonicé con la ocasión y respondí con entusiasmo: «¡Sí!».

Al parecer di la respuesta acertada. El presidente sonrió y bajó las escaleras dirigiéndose al coche. Por lo visto me había preguntado: «¿Lo está pasando bien en nuestro país?». Nos enviaron al aeropuerto en el coche del presidente adornado con banderitas, escoltados por el convoy policial y las sirenas. Como había Sintonizado con la situación, pude superar el agotamiento físico y el estrés mental que experimentaba, e incluso disfrutar con la visita. Sintonizar me ayudó a trascender las diferencias culturales y me permitió participar por completo.

Ha llegado el momento de desconectar del mundo de la tecnología y conectar con el ser humano que tienes delante.

Al Sintonizar, todos tus sentidos se agudizan, incluido el sexto sentido. En cambio, cuando tu mente está pensando en el pasado o en el futuro, te pierdes todas esas valiosas percepciones. Cuando Sintonizas con la situación, te abres más, en lugar de cerrarte con desconfianza para protegerte, ponerte a la defensiva o intentar averiguar el siguiente paso que has de dar. Pero para lograrlo necesitas una gran concentración, sobre todo cuando pasas de una actividad a otra. Al Sintonizar con la situación empiezas a advertir cómo tu jefe interactúa con los demás y qué es lo que mejor funciona. Te das cuenta del estado mental en el que tu hijo está antes de que diga una palabra. Sabes instintivamente lo que es adecuado decir a tus amigos. Cuando Sintonizas con los demás, te relacionas mejor con las personas que hay en tu vida, porque entiendes qué es lo más importante para ellas.

¿Por qué cambiar?

Casi todos hemos oído decir que solo utilizamos un 10 por ciento de nuestro poder mental. Sin embargo, al Sintonizar con los demás puedes superar las limitaciones físicas y los obstáculos emocionales y aprovechar el otro 90 por ciento. Y el estrés también disminuye. Cuando tu única intención es estar presente y darte cuenta de lo que está ocurriendo en ese momento, puedes acceder a nuevas posibilidades. Lo cual te permite conectar con los demás a un nivel intangible, pero muy real.

Antes de encontrarme con el presidente Mejía, había tenido una entrevista con el ministro de Turismo de una hora de duración. Como es habitual en los países latinoamericanos, este encuentro implicaba un montón de personas, incluyendo a sus dos ayudantes, mis dos compañeros de trabajo y un traductor. El ministro de Turismo, sus dos ayudantes y otras cinco mujeres, incluyendo la esposa del ministro, estuvieron entrando y saliendo de la habitación. Todos hablaban en español. Normalmente en estas situaciones el traductor se convierte en el centro de atención, pero yo decidí concentrarme por completo en el ministro para conectar con él, insistiendo en silencio para que entablara contacto visual conmigo, y él lo hizo todo el rato. Habló dirigiéndose a mí, y aunque yo no sabía lo que me estaba diciendo, podía entender alguna que otra palabra en español y seguir el hilo de la conversación lo suficiente como para hacerle las preguntas pertinentes. Lo más importante era que todos conocíamos bien los temas que estábamos tratando y sabíamos cuáles eran los siguientes pasos que íbamos a dar. Por primera vez en seis meses mis compañeros y yo estuvimos en la misma onda.

Cuando te concentras de manera clara y total en alguien, esa persona lo siente.

Sintonizar con los demás es una elección de alta energía que fomenta la comunicación y derriba las barreras, alejándote de los detalles triviales y monótonos para llevarte a un lugar donde las cosas ocurren de una forma fácil y rápida.

La antigua forma de actuar

Antes de aprender a Sintonizar con los demás, caía con mucha facilidad en la Zona del Miedo del Espectro de la Energía. En la situación que acabo de describir, habría sentido que no podía participar en aquel encuentro realizado en español y que iba a fracasar al no haber tenido tiempo para prepararme, que sin un traductor no podría ejercer ninguna influencia sobre el ministro de Turismo. O quizás hubiera renunciado al viaje creyendo que no podía hacer nada por aquella situación. Esta limitada forma de pensar me habría lanzado a la Zona del Miedo, donde habría perdido todo mi poder.

En esta clase de encuentros siempre me preparo antes para saber cómo he de comportarme en el país al que viajo. Sin embargo, en aquella ocasión no tuve tiempo de hacerlo. Pero me acordé de Sintonizar con la situación, lo cual me permitió superar el cansancio físico, el hambre, el mal humor y las barreras idiomáticas para llevar a cabo mi misión. Al encontrarme con el presidente, me habría girado hacia alguna persona diciendo: «¿Podría por favor alguien traducirme lo que el presidente acaba de preguntarme?». Y habría evitado la parte de los besos si no estaba segura de cuántos debía darle. Pero incluso cuando metes la pata, como me pasó a mí en cierto modo al dejarle una mancha de carmín en la mejilla, si has Sintonizado con la situación no hay ningún problema, porque te mantienes totalmente presente y estableces un vínculo con otro ser humano.

En cambio, cuando no Sintonizas con la situación, estás viviendo en una realidad alterada que puede fomentar los malentendidos y las falsas ideas. Todos tenemos una idea distorsionada y parcial de la vida. La mayor parte del tiempo no estamos Sintonizados con ella, porque siempre estamos pensando en lo que vamos a hacer, resolviendo el siguiente problema, anticipando lo que va a suceder o reviviendo y recomponiendo el pasado. Estamos fantaseando con las vacaciones que acabamos de hacer y con lo divertidas que fueron. Y mientras estamos de vacaciones, pensamos en las pocas ganas que tenemos de volver al trabajo. Pensamos en lo que nuestra hija ha de hacer a continuación, aunque esté intentando llamarnos la atención en ese momento. Pero para poder Sintonizar con la situación has de esforzarte. No es algo que surja de manera natural, ya que la mayor parte del tiempo estamos yendo de un lugar a otro, tanto mental como físicamente.

Nos distraemos con demasiada facilidad por dos razones. La primera, porque desde que éramos pequeños nos han enseñado a hacer varias cosas a la vez, y esto puede sernos útil si podemos concentrarnos en cada cosa que pase por nuestra pantalla perceptiva. Y la segunda, porque la sociedad intenta captar nuestra atención a través de frases cortas e impactantes. Los publicistas de la tele saben que solo pueden captar la atención del espectador durante un breve espacio de tiempo. Tú y yo no estamos diseñados para estar presentes y concentrados durante mucho tiempo. Piensa en cuando inicias una nueva relación o acabas de conocer a alguien. No siempre Sintonizas con esa persona porque estás pensando en cómo lograrás que te comprenda y preguntándote si le estás dando la impresión de ser un estúpido. Crees estar conectando con ella, pero en realidad te estás distanciando y desconectando de ella. Y al estar pensando en todas esas cosas, pierdes las oportunidades que se te están presentando en ese momento.

Por ejemplo, si quieres sacar a colación un tema importante con los miembros de tu familia, como el de tener otro hijo o la necesidad de llevar a uno de tus padres a una residencia, quizás esperes el «momento adecuado» para hacerlo. Pero antes de hablar, ¿te detienes un instante a pensar en lo que vas a decir y conectar con todos los que se encuentran en la habitación? Piensa en todos los directores para los que has trabajado que van de una crisis a otra, o en los compañeros de trabajo a los que les motiva trabajar bajo presión y que lo hacen todo en el último momento. O en ese amigo que nunca está quieto y que siempre está atravesando por alguna situación difícil. Todas estas personas se han acostumbrado a esa forma de trabajar y de vivir. Y una vez que adquieres ese hábito, cuesta perderlo. Sin embargo, cualquier acto motivado por el miedo o el deseo es de baja energía y en el fondo te estresa, porque te está llevando a la Zona del Miedo. En cambio, al Sintonizar con la situación, tu estrés disminuye y te mantienes conectado con la Zona del Poder. Cuando no Sintonizas con ella, pierdes energía. Solemos Sintonizar con la situación solo cuando esta es delicada y nos vemos obligados a hacerlo, como, por ejemplo, al hacer una presentación, tener que ir con urgencia al hospital o cuando sufrimos una muerte en la familia.

La nueva forma de ser

¿Por qué Sintonizar? Porque es la forma ideal de actuar. Cuando no estás sintonizado con la situación, fantaseas, te preocupas y acabas haciendo unas elecciones de baja energía. Te vuelves menos eficaz, porque no estás concentrado ni empleas bien tu energía. Para poder Sintonizar con el entorno, has de desconectar de todos los estímulos y de tu cháchara interior, y concentrarte en la persona y en la situación que tienes delante en ese momento. Es una habilidad que adquieres, sobre todo cuando te ocurre algo que parece más importante que cualquier otra cosa en tu vida, como una grave enfermedad o una muerte en la familia. Las siguientes sugerencias te muestran cómo hacer que esta importante elección se convierta en una forma de vivir:

1. Hazlo poco a poco

Como estás haciendo un cambio importante en tu forma de actuar, hazlo poco a poco. Averigua cuáles son tus prioridades en casa, como por ejemplo estar plenamente presente mientras arropas a tus hijos al acostarlos en la cama. Elige en el trabajo las actividades en las que has de concentrarte por completo. Hazlo incluso en las reuniones laborales cara a cara, Sintonizando con los temas más importantes. Al principio quizá te sientas agotado al intentar estar atento a cada segundo. Elige Sintonizar con aquello que tengas que hacer por fuerza, y date el espacio necesario para conectar y desconectar de ello cuando hayas de ocuparte de otros asuntos. Es una cuestión de saber manejar tu energía.

Siempre habrá asuntos urgentes en los que hayas de concentrarte. Al Sintonizar, das unos saltos cuánticos hacia delante, porque las situaciones que la vida te presenta suelen ofrecerte un regalo si estás lo bastante atento como para verlo.

VIVIR EN EL CAMPO CUÁNTICO

¿En qué ocasión Sintonizaste con éxito en una situación? ¿Qué ocurrió en ella?
¿Conoces a alguien que Sintonice automáticamente? ¿Cómo es interactuar con esta persona?

2. Permanece en el presente

Vamos de casa al trabajo, al correo electrónico, a los mensajes del contestador y a las videoconferencias. La química de nuestro cerebro cambia y se activan distintas partes de nuestro ser, dependiendo de los conductos neuronales que estemos utilizando. En realidad, desarrollamos unos vínculos físicos más fuertes en el cerebro con aquellas áreas de la vida con las que Sintonizamos con regularidad que con aquellas otras en las que no nos fijamos. Estamos conectados a ellas emocionalmente. Si solías Sintonizar con la Zona del Miedo y en lugar de ello quieres hacer unas elecciones de alta energía, lo lograrás dejando de vincularte físicamente con aquellas áreas a medida que cambies los circuitos neuronales.

Una forma de empezar a cambiar la química de tu cerebro para actuar de otra forma es hacer algo que te distraiga de lo que estás realizando. Bebe un vaso de agua, sal a dar un paseo, ve al lavabo. O al menos reconoce que estás trabajando solo con una parte del cerebro, y que no estás utilizando todos los recursos de los que dispones. Porque es así. Los sentidos, las emociones y la intuición te permiten asimilar unas cantidades de información que los e-mails y los mensajes del contestador no pueden almacenar. Lo que cuenta es la intención con la que haces algo. Aunque nunca llegues a cambiar una determinada forma de actuar, haz todo lo posible por lograrlo. Sintoniza con algo que normalmente te haga reaccionar de una manera exagerada, y decide no reaccionar en esta ocasión. Elige una situación con una carga emocional que te produzca ira o frustración. Si te fijas la meta de Sintonizar tres veces al día (por ejemplo, con tu hijo, con el equipo con el que trabajas y con tu pareja), irás adquiriendo práctica en ello. No te acuerdes solo de Sintonizar en las situaciones difíciles que te hacen reaccionar emocionalmente.

Yo perfeccioné mi habilidad de Sintonizar con la situación al asistir a clases de improvisación. Para ser bueno improvisando lo único que has de hacer es concentrarte precisamente en lo que estás llevando a cabo en ese momento, ya que te obliga a estar totalmente presente. La siguiente frase que pronuncies depende de lo que esté ocurriendo ahora. En parte, lo más estimulante de estas clases es que son imprevisibles. No sabes qué te va a ocurrir en ellas. Además, cuando vives el presente, eres humano y espontáneo al mismo tiempo, y esto al público le encanta. Las personas con talento no necesitan pensar en lo siguiente que van a decir. Al estar por completo presentes en una determinada situación, las frases les salen espontáneamente de la boca.

Durante una de las clases, el profesor llamó a un hombre y a una mujer para que subieran al escenario y les dijo:

—Imaginad que estáis en el cuarto de baño juntos por la mañana. Os encontráis delante de dos pilas, de cara al público. Estáis trabajando el aspecto de la sincronización y el sentido de la oportunidad. Necesitáis que el público entienda la relación que mantenéis. Pero solo podéis deciros una frase.

Allyson subió al escenario con Dan, un hombre muy atractivo al que no conocía. Se sentía un poco intimidada por tener que hacer una escena tan íntima con un desconocido. Él subió primero y ella le siguió. Mientras Allyson estaba en el extremo del escenario, él la abrazó y le dio una palmadita en el trasero. Después se volvieron hacia el espejo (que era el público), se peinaron y se limpiaron los dientes con hilo dental de una forma sincronizada. Ella fingió salir del cuarto de baño, pero luego se detuvo, se dio media vuelta y asomando la cabeza por la puerta imaginaria, dijo:

—Por cierto, ¿cómo me has dicho que te llamabas?

Esta frase les hizo muchísima gracia a los otros alumnos. Allyson, que no era la clase de mujer que tiene una aventura de una noche, se sintió incómoda haciendo aquella escena, pero al estar presente, se le ocurrió la frase idónea. Ella y Dan perfeccionaron la escena y la utilizaron en su actuación final, que tuvo un gran éxito. Dos críticos locales dijeron que esta escena había sido la mejor del espectáculo.

En el pasado, ¿cuándo te beneficiaste al Sintonizar con tu familia? ¿Y al hacerlo en el trabajo? ¿Y con los amigos?

¿En qué situación empezarías a Sintonizar en el hogar o en el trabajo?

3. Comprende que a veces todo cuanto necesitas hacer es advertir lo que está ocurriendo

Al darte cuenta de lo que está ocurriendo, la energía cambia y se da el espacio suficiente como para que surja otro resultado. Tú no siempre tienes por qué saber la respuesta. Cuando estás Sintonizado con la situación, te mantienes presente, sereno, objetivo y atento. En cambio, cuando no sintonizas con ella, te sientes distraído, en Babia y desconectado de los demás. Tal vez sepas reconocer estos dos estados a tu propia manera. Cuando yo no sintonizo con una situación, me siento desconectada e incómoda, y cuando Sintonizo con ella, me siento enseguida concentrada y llena de curiosidad.

Cuando otra persona hace el esfuerzo de Sintonizar conmigo, me siento llena de energía, apreciada y escuchada. Piensa en los médicos y en los dentistas que te han gustado en especial. Probablemente fue porque te miraron a los ojos y te vieron como una persona y no como un problema de diagnosis. Haz lo mismo con las personas a las que más quieres. Siempre que hayas estado separado de tus hijos o de tu pareja, Sintoniza durante un momento antes de mantener una conversación con ellos. Sobre todo es importante que lo hagas al final del día. La última persona en llegar a casa puede que necesite un tiempo para despresurizarse, ya sea estando a solas o contando cómo le ha ido el día. Y la persona que ha estado todo el día en casa, tal vez necesite tomarse un respiro. Y tu hijo puede que necesite recibir un poco de amor. Tómate el tiempo necesario para advertir todas estas cosas. Sintoniza con la situación y descúbrelas.

Un compañero de trabajo me dijo en una ocasión que un estudio realizado por el Carnegie Mellon había revelado que navegar por Internet dos horas a la semana puede alterar la química del cerebro (incluyendo los niveles de endorfinas y estrógenos). Vamos con el piloto automático puesto y actuamos como una máquina, porque no estamos relacionándonos con un ser humano sino con un ordenador: «¿Cuál es la tarea? Hazla. Rápido. ¿Cuál es la siguiente?». Cuando estamos en esa onda perdemos la calidez, la personalidad y la perspectiva, y tendemos, sin darnos cuenta, a no tratar a los demás como se merecen. Es decir, nos olvidamos de prestarles atención. ¿No te ha ocurrido en alguna ocasión, mientras estabas frente al ordenador consultando el correo electrónico, que cuando tu hijo o tu pareja han entrado a la habitación para decirte algo, tú los has mirado como si les estuvieras diciendo: «¡Vete! Prefiero consultar el e-mail?». Nunca fue tan difícil Sintonizar con los demás como en la actualidad. Utiliza el timbre del teléfono o cualquier otro recurso para acordarte de frenar, estar presente y volver a ser un ser humano, incluso antes de decir «¡Hola!».

VIVIR EN EL CAMPO CUÁNTICO

¿Cuál es la situación típica en la que te olvidas de Sintonizar?
¿Qué puedes hacer para Sintonizar mejor en esa clase de situaciones?

Sintoniza con todo tu corazón

Una ajetreada mañana, Jane, la directora de una gran empresa de Los Ángeles, se reunió con Kenisha, su ayudante, para discutir un tema crítico relacionado con un cliente.

—Mira, tenemos mucho trabajo. Metimos la pata con este cliente. Esto es lo que vamos a hacer para arreglarlo. Venga, a trabajar.

Pero para sorpresa de Jane, Kenisha se resistió a seguir sus instrucciones. En realidad, se mostró crítica e irascible. Justo antes de reunirse con Kenisha, Jane había estado ocupándose de 150 e-mails y de un contestador lleno de mensajes para resolver varias emergencias poco importantes relacionadas con los clientes. Hacía dos horas que no se relacionaba con ningún mortal. El primer intercambio que mantuvo con Kenisha fue un rotundo fracaso, porque ella seguía sumida en un «trance tecnológico». «Esto funcionará. Elimínalo de la lista». Sus palabras sonaron duras y no acertó al recalcar a Kenisha que se olvidara ya del problema. Por eso no era tan extraño que su ayudante no aceptara sus instrucciones y se mantuviera en sus trece con más fuerza aún.

Cuanto más desagradable se mostraba Jane, más desagradable se volvía Kenisha. Esta no solía ser una mujer irascible, por eso al mostrar esa fuerte reacción, Jane comprendió que su ayudante debía de tener algún problema. Entonces se detuvo y Sintonizó con ella. Se apartó del escritorio y se dedicó a observar a Kenisha. Fue entonces cuando vio lo pálida que estaba. Y lo asustada que se veía. Por primera vez Jane advirtió el tenso lenguaje corporal de Kenisha: tenía los brazos y las piernas cruzadas y la mirada perdida. Fue entonces cuando Jane conectó de veras con su ayudante. Modificó la química de su cerebro para cambiar de chip y volvió a mantener una relación humana con Kenisha.

Decidió dejar de intentar controlarla y empezó a hacerle unas preguntas generales para animarla a participar en la conversación, pero lo único que consiguió fue que su ayudante se pusiera aún más negativa. Vio que así no iban a ninguna parte. Al final Jane le dijo:

—Kenisha, por favor, dime qué es lo que te pasa. No pareces ser la misma de siempre, me estás empezando a preocupar.

Kenisha le confesó entonces que acababa de llegar del hospital, donde le habían hecho varias mamografías. Estaba preocupada por los resultados, y también había reaccionado muy mal al tratamiento al que tendría que someterse. Aquel incidente le había dejado un mal sabor de boca y estaba muy alterada.

En cuanto Jane conectó con Kenisha a un nivel humano, la conversación se volvió mucho más civilizada; a partir de entonces pudieron comunicarse, escucharse e intentar resolver el problema. Al haber vuelto a conectar, pudieron ocuparse de los asuntos por los que se habían reunido y Jane aprendió una valiosa lección. En esa clase de momentos conectamos con la Zona del Poder del Espectro, motivamos a los demás a actuar a un nivel más elevado y alcanzamos lo que deseamos con más rapidez.

RESUMEN

- Ha llegado el momento de desconectar del mundo de la tecnología y conectar con el ser humano que tienes delante.

- En la actualidad la mayoría de los problemas vienen de vivir en un estado de desconexión. Este estado surge sobre todo porque estamos tan ocupados que no prestamos atención.
- Al Sintonizar, tus sentidos se agudizan, incluyendo el sexto sentido.
- Cuando tu única intención es estar presente y darte cuenta de lo que está ocurriendo en ese momento, te abres a nuevas posibilidades.
- Cambia poco a poco. Como estás intentando hacer un gran cambio en tu forma de actuar, hazlo poco a poco y Sintoniza, tanto en tu hogar como en el trabajo, en las situaciones más importantes.
- Vive en el presente. Si te fijas la meta de Sintonizar tres veces al día (por ejemplo, con tu hijo, con el equipo con el que trabajas y con tu pareja), irás adquiriendo práctica en ello.
- Advierte la sensación que te produce estar Sintonizado o no estarlo. Cuando lo estás, te mantienes presente, sereno, objetivo y atento. En cambio, cuando no lo estás te sientes distraído, en Babia y desconectado de los demás.

10

Observa

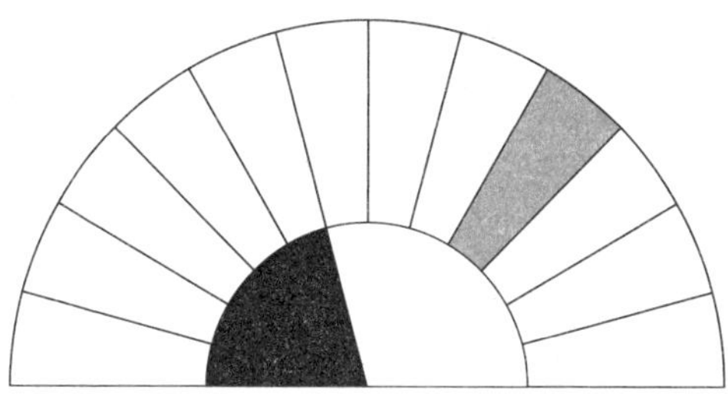

¿Conoces a alguien que parezca tener el don de conectar con los demás en cualquier lugar? ¿Que al ir a una fiesta, a una reunión familiar o a una reunión laboral sepa enseguida el terreno que está pisando? ¿Que de manera natural sepa quién es el que necesita atención, el que está desconectado, el que está contentísimo y el que está de mal humor? Esta clase de personas son Observadores innatos. ¿Cómo lo consiguen? Algunas lo aprendieron con el paso de los años, y otras, como en mi caso, lo aprendimos en la niñez.

«¡No te muevas!», me gritó la enfermera antipática agarrándome fuertemente del brazo. Luego me lo giró, empeñada como estaba en encontrar en él una venita que cooperara. Aprovechaba la menor oportunidad para reprenderme. Era la segunda vez que me gritaba. Yo estaba molesta por haber tenido que volver al hospital. Tenía diez años, y desde hacía varios años mi asma estaba bajo control. No quería que los médicos y las enfermeras volvieran a pincharme de nuevo. Lo que no sabía era que el dolor en el talón del que me había estado quejando durante los dos últimos meses era un signo de osteomielitis (inflamación de la médula ósea). Me enteré de que tendría que quedarme en el hospital dos semanas y que podía llegar a perder el pie derecho. Yo ya conocía cómo me trataban el asma en los hospitales, pero esta situación era nueva para mí. Necesitaba ingerir grandes cantidades de antibióticos, y hacía dos semanas que debería haberlos estado tomando.

Los brazos me dolían tanto que creí no poder soportarlo más. Los ojos se me empezaron a empañar. La otra enfermera era muy dulce conmigo y yo no quería contrariarla. Ella y la enfermera antipática habían intentado insertarme doce veces la aguja en el brazo para ponerme el gota a gota. Yo sabía que ninguna de ellas iba a lograrlo, porque cuando entraron en la habitación ya estaban tensas. La enfermera desagradable estaba agobiada porque acababa de ocuparse de una urgencia, y la amable estaba horrorizada de lo hinchado que yo tenía el brazo y no quería pinchármelo más. El doctor Bryant, que me había traído al mundo, les había estado gritando enojado en el vestíbulo. Al entrar en la habitación exclamó enseguida dándome la espalda:

—¡Por Dios, solo habéis de ponerle el gota a gota! La estáis poniendo en peligro. ¡Hacedlo de una vez!

La enfermera amable le preguntó:

—¿Quién más está libre ahora? Necesitamos a alguien que esté relajado.

Se fue y al cabo de unos minutos volvió con un enfermero —en aquella época eran muy poco comunes—, pero lo que más me sorprendió fue la optimista energía que él trajo a la deprimente atmósfera de la habitación.

Se quedó plantado en el dintel de la puerta con los brazos en jarra. Sus ojos lo decían todo. Mientras se concentraba por completo en mí, le brillaban con una serena seguridad.

—¡Hola! Me llamo Mark —me dijo—. Parece que no lo estás pasando demasiado bien. Voy a echarte un vistazo para ver qué hay que hacer.

Todo el mundo había ido directo a por mi brazo. Pero Mark conectó antes conmigo, poniéndome la mano sobre la cabeza y acariciándomela. La confianza que irradiaba me tranquilizó. Me sonrió cálidamente y sostuvo mis manos entre las suyas, que eran enormes, y luego me las giró.

—¡Oh, caramba! ¡Te hemos convertido en un acerico humano! ¡Es lógico que lo estés pasando tan mal! —exclamó.

¡Alguien me había dirigido la palabra por fin! Las enfermeras y los doctores en cambio habían estado hablando de mí como si yo no estuviera en la habitación. La dulzura de aquel enfermero me ayudó a expresar lo asustada que estaba.

—Sí, lo estoy pasando muy mal.

—Pues vamos a pasárnoslo bien, entonces. ¿Qué os apostáis a que puedo ponerle el gota a gota al primer o al segundo intento? —dijo mirándonos a las tres.

»Dime en qué brazo quieres que te lo ponga. ¿Cuál es el que te duele menos?

Le ofrecí el izquierdo, participando en el juego.

—¿Qué vena quieres que salga a jugar con nosotros? —me dijo cantando (aunque muy desafinado, lo cual me hizo mucha gracia). Estuve a punto de echarme a reír y me miré el brazo para ver si alguna de mis venas se ofrecía como voluntaria.

Mark me puso el gota a gota a la primera.

Supe que lo conseguiría en cuanto le vi entrar.

OBSERVA

Al Observar el entorno, entras en un estado objetivo de detección y asimilas con todos tus sentidos la información física, emocional e intuitiva que te ofrece.

Al Sintonizar, te concentras en la persona que tienes delante; en cambio, al Observar una situación, exploras rápidamente tu entorno, asimilando la información que te ofrece sin apegarte a ella. Es decir, cuando Sintonizas te concentras en los detalles, mientras que al Observar tu entorno intentas hacerte una idea general de la situación. No lo Observas para intentar controlarlo u obtener un resultado, sino solo para conocerlo. Podría decirse que es casi una forma de meditación, y de hecho crea la misma clase de calma que se da en ella. Observar simplemente, sabiendo que no has de hacer nada más, puede resultarte muy relajante cuando estás en una situación tensa.

Y eso fue lo que Mark hizo. Fue directo al problema: yo estaba muerta de miedo y los brazos me dolían muchísimo. Él sabía que tenía que ponerme el gota a gota, pero también sabía que no conseguiría hacerlo si no conectaba antes conmigo. Mark captó la situación en tres segundos. Y luego utilizó la información que había recibido de ella para cambiar la energía del miedo en un juego. Yo conecté y cooperé con él porque sentí que me entendía. Mi cuerpo se había estado cerrando porque estaba dolida y asustada. Pero sus dulces caricias me relajaron, me permitieron abrirme y me sacaron de la Zona del Miedo en la que me encontraba, para que él pudiera ayudarme.

Yo aprendí a Observar el entorno desde pequeña. Se convirtió para mí en un pasatiempo en el hospital, en una especie de deporte. Me dedicaba a Observar a alguien para averiguar la historia de su vida. Y despúes la confirmaba cuando esa persona hablaba. No tenía idea de que estaba practicando y perfeccionando una habilidad que iba a servirme toda la vida.

Las madres tienden a ser unas observadoras increíbles. Asimilan con mucha rapidez una gran cantidad de información y saben intuitivamente el siguiente paso que han de dar. Un verano Nina, la canguro del barrio, se ocupó de cinco de nosotros mientras nuestros padres estaban trabajando. Habríamos jurado que tenía ojos en la nuca. En cuanto se nos ocurría algo que se suponía que no debíamos hacer, ella lo descubría en el acto. ¿Cómo podía Nina controlarnos a los cinco? Porque era una gran Observadora.

Si tienes hijos, probablemente habrás advertido que también los niños parecen haber nacido con esta habilidad. Lo asimilan todo, captando las señales no verbales que a los adultos nos pasan desapercibidas. Pueden darse cuenta de cualquier cambio que haya en el ambiente, porque se fijan en todos los detalles. Saben cuál de sus amigos tiene un problema en su casa. Y si es el momento adecuado para pedir a sus padres que les aumenten la paga o que les dejen salir con los amigos. Los niños son unos barómetros humanos. Suelen captar los cambios sutiles que se producen en la relación que mantienen sus padres incluso antes de que estos se den cuenta de ellos. Aún no han creado unos filtros ni aprendido a no observar las cosas. Ven más allá de las apariencias y van directos al corazón del asunto, una habilidad que a sus padres les resulta a veces agotadora.

Un bebé antes de aprender a hablar ya sabe leer en quienes le rodean, y su conducta refleja a menudo los sentimientos sin expresar que flotan en el aire. Pero cuando los buenos modales y el protocolo se vuelven importantes, los niños

pierden esta habilidad. También a medida que vamos creciendo y aprendemos cómo funciona el mundo, en la mayoría de
las actividades cotidianas casi siempre estamos concentrados
en nosotros mismos en lugar de fijarnos en los demás. Aunque hay algunas excepciones. Piensa en el jefe que te motivaba
porque te entendía. Lo más probable es que fuera un gran Observador. Aunque se diga que las mujeres somos más intuiti-
vas con las personas y las situaciones, los hombres también
pueden ser grandes Observadores. Solo depende de lo atentos
que estén.

¿Por qué cambiar?

Al Observar tu entorno compruebas la realidad. Si eres como
la mayoría de la gente, significa que estás la mayor parte del
día sumido en tus pensamientos. Cuando dejas de hacerlo
para Observar el entorno, puedes asimilar incluso una mayor
cantidad de información con más rapidez para evaluar mejor
cómo abordar la situación. Al Observarla descubres valiosas
pistas sobre la gente que hay en la habitación. Eres mucho
más eficaz tanto en tu hogar como en el trabajo, porque captas lo que a los demás les pasa desapercibido. Como yo entra-
ba y salía del hospital con tanta frecuencia, Observar a los
demás fue para mí la forma de asimilar la verdad cuando
estaba tan enferma y era tan pequeña que los adultos creían
que no podría soportarlo. En una ocasión en la que estuve en
el hospital aprendí a distinguir, por el ritmo de las enfermeras, las que estaban contentas de las que estaban tristes, las
que disfrutaban con su trabajo y las que trabajaban por obligación, y si seguirían manteniéndome más tiempo en la tienda de oxígeno.

Aquello que ignoras es a menudo lo que más te ayudará, y al estar más receptivo accedes a la Zona del Poder, a la que cualquiera puede entrar. Cuando te tomas el tiempo para Observar tu entorno, creas unas conexiones que te ayudan a comunicarte con los demás con más eficacia. No lo Observas para manipular a la gente, sino para reunir información. Solo lo haces para ver la verdad y contemplarla tal como es, así puedes manejar cualquier situación estando más receptivo, consciente y preparado. Al Observar el entorno te vuelves más eficaz en cualquier situación. Lo cual es distinto de manipular a los demás para conseguir aquello que quieres. Si Observas el entorno solo para conseguir algo, no te funcionará.

Los vendedores son grandes Observadores, y los mejores de ellos no hacen suposiciones antes de tiempo. Al ver entrar a una pareja en la sección de electrodomésticos, en lugar de suponer que es la mujer la que se ocupa siempre de la colada, se dirigen a los dos. La próxima vez que te relaciones con una vendedora, pregúntate: «¿Me ha resultado útil? ¿He acabado comprando más cosas de las que necesitaba? ¿Parecía leerme el pensamiento?». A partir de ahora, cuando estés con un amigo, Obsérvalo antes de empezar a conversar con él. Y cuando te encuentres en una situación tensa, Observa a las personas que te rodean. Aquello que descubras y que no se ve a simple vista es lo que te ayudará a conectar con ellas de veras. Tal vez averigües que la persona que parecía querer controlar la situación solo está estresada, o que la que parecía estar «bien» no lo está en absoluto.

Al Observar tu entorno, la vida se vuelve más enriquecedora. Todas las elecciones de alta energía nos ayudan a conectar con la Zona del Poder, pero al Observar nuestro entorno nos abrimos al mundo que nos rodea a un distinto nivel: a un nivel intuitivo. Mi trabajo me obliga a viajar por todo el mundo, y la mayor cantidad de información que obtengo de otras culturas la reúno al Observarlas. Esta habilidad también me resulta útil cuando he de regatear en una tienda. Y puede manifestarse también de pequeñas maneras, como cuando descubrí un nido de petirrojos perfectamente camuflado en el porche de la entrada trasera de mi casa. Cuando Observas tu entorno, permaneces abierto a cualquier situación inesperada. Puedes llegar a tener unas experiencias increíbles.

La antigua forma de actuar

Es muy fácil vivir con el piloto automático puesto. De adultos solo nos dedicamos a Observar a los demás cuando queremos manipularlos para conseguir algo. Observas a tu pareja o a tus hijos antes de pedirles algo importante. Intentas conectar en el trabajo con la recepcionista para averiguar si ocurre algo en la empresa, o con un posible cliente al notar y observar algo en especial de su entorno. Conversas con la recepcionista sobre la bonita fotografía que tiene de sus hijos o sobre la universidad en la que estudió, o compartes con ella alguna área que tengáis en común. Es una forma de Observar a los demás, pero si lo haces para manipularlos, se volverá en tu contra. En cuanto los demás sospechan que estás siendo falso, desconfían de ti. Notan cuándo intentas utilizarlos. Aunque solo sea a un nivel inconsciente, captan que estás intentando manipularlos, por-que al tratar de conseguir algo a toda costa, creas una especie de interferencia en el Campo. Y entonces no incentivas al equipo que tienes a tu cargo a superar la situación difícil que estáis atravesando, ni motivas a tu pareja o a tus hijos a hacer lo que deseas que hagan. Los vínculos que se forman de esta manera no duran.

La nueva forma de ser

Aunque parezca que estás actuando de la misma forma de siempre, al Observar tu entorno se manifestarán ante ti todo tipo de nuevas oportunidades. Las siguientes sugerencias te muestran cómo hacerlo:

1. No te apegues a tus planes

Si estás Observando a los demás para conseguir algo y no para descubrir la verdad, estás alterando la información que recibes del entorno y los resultados que obtienes. En ese caso debes dejar de apegarte a tus planes a algún nivel. El único motivo por el que has de Observar tu entorno es para descubrir la verdad, y no para manipular a los demás ni para conseguir algo de ellos.

Jerry y Carol me contaron que en una ocasión fueron a ver a su hijo mientras él se entrenaba. Era el segundo año que jugaba al fútbol, y Jerry le estuvo animando para intentar que se volcara más en el juego. No entendía por qué Brian estaba jugando tan mal. Carol decidió observar la situación y advirtió que su hijo no estaba respondiendo a los gritos de ánimo de su padre y que no parecía estar pasándoselo demasiado bien. No sonreía y parecía estar desconectado de los otros chicos que estaban jugando con él. Apenas escuchaba las sugerencias del entrenador.

Mientras volvían en el coche a casa, Carol simplemente le preguntó:

—Sam, ¿te gusta jugar al fútbol? ¿Quieres hacerlo?

Después de una larga pausa, en la que Carol le lanzó a Jerry una mirada de *ni se te ocurra meterte en la conversación*, Brian le respondió:

—En realidad, no. Solo lo hago porque a mis amigos les gusta este deporte.

Jerry comprendió que estaba más apegado a su plan de que Brian se convirtiera en un atleta que en advertir lo que su hijo quería. Y corrigió enseguida su error para ser un buen padre.

VIVIR EN EL CAMPO CUÁNTICO

Piensa en una ocasión en la que lograste no apegarte a tus planes y aprendiste algo importante al Observar tu entorno.
¿Tienes en el trabajo algún plan que te esté impidiendo Observar tu entorno?
¿Y en tu hogar?

2. «Advierte» lo que está ocurriendo a tu alrededor

Cuando Observas las cosas, recibes regalos, aunque no los reconozcas enseguida. Adquiere el hábito de distanciarte de las situaciones y Observarlas. Elimina tus filtros y valoraciones y asimila lo que está ocurriendo a tu alrededor. Entras en este estado mental cuando No Juzgas la situación, una zona del Espectro de la Energía que describí en el capítulo 7. Conviértete simplemente en un observador. Descubrirás que las piezas de información que vas recibiendo empezarán a encajar como si se desplegara una historia ante ti. Cuanto más receptivo estés, más claramente verás lo que significan esas piezas de información. En cambio, si le Das tantas Vueltas a un asunto que te olvidas de todo lo demás, no recibirás la información que necesitas, porque tus elucubraciones te lo impedirán. ¡Silencia tu mente! Deja que el significado se te revele por sí solo. Intenta no sacar conclusiones (evaluaciones prematuras) con demasiada rapidez. No dejes que los pensamientos que se te ocurren al Darle Vueltas a un asunto se conviertan en la realidad que creas.

En cuanto adviertas que tu nivel de estrés está aumentando, sé un Observador. Hazlo incluso cuando las cosas parezcan estar yéndote bien. Puede que te sorprendas al ver todo lo que aprendes. Obsérvate al dejar a tu hijo en la guardería y al volver a buscarlo. Al entrar en una reunión de trabajo. Al sentarte en tu restaurante favorito. Cuando tienes dudas. De este modo parte de la información que recibirás será muy clara. Aunque también habrá otra información que entenderás mejor después de haberla estado asimilando durante un tiempo. Si tienes alguna corazonada sobre algo, tenla en cuenta y Observa qué es lo que ocurre.

Observa en las situaciones en las que no sueles hacerlo, o establece incluso contacto visual en ellas. Puede que te lleves una agradable sorpresa. Ayer en Windy City hizo mucho viento, y cuando Rick, mi compañero de trabajo, entró en el ascensor, advirtió lo despeinados que estábamos. «¡Hoy hace un día ideal para ir a la peluquería!», observó alegremente. Todos los presentes sonreímos y nos pusimos a hablar de nuestras aventuras con el viento. Él le dijo a una mujer que le gustaba mucho el abrigo que llevaba y, al decirle ella dónde lo había comprado, se enteró de que había unas rebajas de invierno en una de sus tiendas favoritas. Todos parecimos salir del ascensor más contentos de lo que habíamos entrado.

Observar el entorno es una de las elecciones diarias más prácticas, porque te da mucha información. El secreto está en hacerlo en un estado de desapego emocional. Porque si Observas cuando estás en un mal día, no eres tan eficaz, ya que lo coloreas con tu bajo estado de ánimo y tiendes a malinterpretarlo todo. Y esto también afecta a tus corazonadas, aunque no te des cuenta. Por lo visto a Rick se le está cayendo el pelo. Si aquel día que hacía tanto viento hubiera estado en un lugar de baja energía, quizás habría entrado al ascensor pensando:

«Todos tienen mucho pelo, salvo yo. ¡Tengo un aspecto horrible! Todo el mundo se está fijando en mi pelo. El viento probablemente me ha dejado la parte calva al descubierto y no me atrevo a mirarme al espejo para averiguarlo». Está de más decir que probablemente no nos habría aportado nada a los que estábamos en el ascensor.

Cuando estás en un bajo estado de ánimo, tus elecciones de baja energía pueden condicionar todo lo demás. Parte de la sabiduría que hay en la elección de observar tu entorno consiste en conocerte lo suficiente como para advertir cuándo estás proyectando tu bajo estado de ánimo al día que estás viviendo. Quizá necesites que alguien te ayude a distinguir en él lo que es real de lo que no lo es. Cuando estés en un lugar de baja energía, recuerda hasta qué punto afecta a tu forma de afrontar el día. Si Observas al día siguiente las mismas cosas, verás una situación totalmente distinta.

VIVIR EN EL CAMPO CUÁNTICO

Describe una ocasión en la que tus emociones empañaron tu habilidad para Observar las cosas.
¿Qué ocurrió? Describe el resultado.

Fastidiando a la junta directiva

Después de haber estado durante dos meses trabajando en su nuevo puesto como director ejecutivo de una asociación, Tom comprendió que era necesario hacer algunos cambios importantes en ella para que la compañía sobreviviera. Era la primera reunión de la junta directiva a la que asistía. Durante todo el vuelo de Nueva York a París estuvo preocupándose

por la reunión, aunque Ingrid, la presidenta, estuviera totalmente de acuerdo con su plan. Está de más decir que Tom
quería causar una buena impresión a los diecinueve directivos procedentes de siete países que iban a sentarse alrededor
de la mesa.

Al día siguiente, al estar Ingrid nerviosa, ignoró el programa que tan bien habían planeado para la reunión y sacó a
relucir en ella los cambios de los que habían decidido no hablar. Tom estaba furioso, sintió que el ambiente cambiaba y
que los presentes se ponían a la defensiva. Al Observarlos
advirtió que tenían los brazos cruzados y que no establecían
contacto visual. Algunos miembros de la sociedad mostraban
unos rostros inexpresivos. Sintió que en el ambiente flotaba
una gran desconexión y que el enfado iba en aumento. Cuanto más silenciosos se mostraban los asistentes, más categórica
se manifestaba Ingrid. La tensión siguió creciendo y los directivos empezaron a cuchichear entre sí en media docena de
acentos. Ingrid se estaba quedando sola.

Tom tuvo que olvidarse de su enojo y del gran error que
Ingrid había cometido para centrarse en salvar la reunión. La
interrumpió diciendo:

—Me da la impresión de que todos ustedes necesitan recibir más datos e información antes de considerar hacer estos
importantes cambios.

Había dado en el clavo.

De pronto la tensión desapareció en el ambiente y los
miembros de la junta directiva se inclinaron relajados hacia
delante y asintieron. Tom se ganó su respeto al Observarlos e
identificar la energía que había en la sala, en lugar de impo-
nerles lo que no estaban preparados para oír. El grupo se
mostró entonces dispuesto a pasar al siguiente tema sin que
el programa se alterara por aquel incidente. Varios directivos

le dijeron más tarde lo bien que había manejado la situación, allanándole el terreno para los cambios que quería hacer.

RESUMEN

- Cuando Sintonizas, te concentras en la persona que tienes delante. En cambio, cuando Observas tu entorno, te haces una idea general de cómo es.
- Cuando Observas el entorno, entras en un estado objetivo de observación y asimilas con todos tus sentidos la información física, emocional e intuitiva que te ofrece.
- Cuando Observas, exploras rápidamente el entorno, asimilando la información que recibes sin apegarte a ella.
- Observar el entorno te permite comprobar la realidad. Cuando te detienes y Observas la situación, recibes incluso una mayor cantidad de información con más rapidez, lo cual te permite evaluar mejor cómo afrontar una situación.
- Al Observar el entorno eres mucho más eficaz en tu hogar y en el trabajo, porque captas lo que a los demás les pasa desapercibido.
- De adultos solo nos dedicamos a Observar a los demás cuando queremos manipularlos para conseguir algo de ellos.
- Al Observar a los demás no debes apegarte a tus planes.
- Si Observas a los demás para intentar conseguir algo de ellos, la información y los resultados que recibes se alteran.

- «Advierte» lo que está ocurriendo a tu alrededor. Elimina tus filtros y valoraciones y asimila lo que está sucediendo.
- Recuerda que si Observas tu entorno cuando estás en el Agujero Negro tu bajo estado de ánimo teñirá tus corazonadas.
- Al Observar el entorno, parte de la información que recibirás de él será muy clara. Aunque habrá otra que entenderás mejor después de haberla estado asimilando durante un tiempo.

11

Conecta con la Verdad

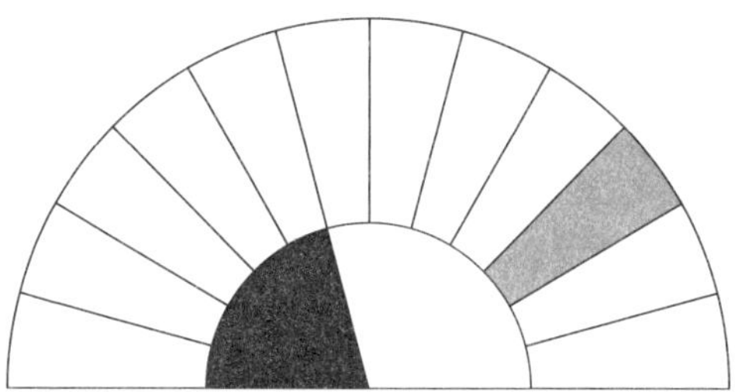

¿Dices a veces «mentiras piadosas» para proteger a un ser querido o para protegerte a ti? ¿Aceptas algo porque crees que no te queda más remedio? ¿Te da miedo decirle a tu jefe lo que no quiere oír? Este capítulo te ofrece las herramientas necesarias para Conectar con la Verdad en cualquier circunstancia. La siguiente historia muestra cómo manejé una situación especialmente difícil, y cómo, al decirle la verdad a mi jefe, salí airosa de la situación.

Nuestro cliente más reciente me había puesto entre la espada y la pared. Las negociaciones para firmar un contrato con Mark, el director de operaciones de mi empresa, habían sido tan problemáticas que el cliente no quería que él participara en nuestro primer proyecto. Yo había trabajado duro para ganarme la confianza del cliente. Durante seis meses había estado cada semana intentando conseguirlo, y por fin habíamos llegado a un punto en el que sentía que yo ya no era objeto de sus diarios ataques. Y ahora ocurría esto. Lo último que quería era ignorar la petición de mi cliente. Pero tampoco deseaba tener ningún problema con Mark, que además era mi jefe.

Mark era una persona muy brillante y conocía el negocio mejor que nadie. Pero también podía ser muy imprevisible. Como tantos otros directores de operaciones, quería controlarlo todo. La mayoría de mis colegas le tenían miedo. La gente solía llamar al ayudante de Mark antes de reunirse con él para saber cuál era su estado de ánimo y planear cómo abordarían lo que iban a decirle.

Yo me sentía totalmente atrapada. ¿Cómo podía manejar la situación de una forma que satisficiera las necesidades de todos? Empecé a Darle Vueltas al asunto, imaginándome cualquier posible situación y los resultados más desastrosos. Incluso me planteé encontrar una razón creíble por la que Mark no debiera participar en el proyecto. Podía darle la excusa de «Necesito hacerlo sola», pero sabía que no funcionaría, porque esto nunca se había hecho así. En realidad, él quería participar en el proyecto porque yo ya tenía demasiada influencia sobre este cliente, y si yo decidía dejar la empresa, podría afectar negativamente a la relación comercial que esta mantenía con él.

Quizá podía decirle al cliente: «Yo seré la que me ocuparé del proyecto. Mark también participará, pero me aseguraré de que cumpla con todo cuanto usted desea». Pero sabía que tendría que gastar mucha energía para intentar que Mark no se enterara, y solo de pensar en ello ya me sentí agotada. Desesperada, consideré incluso ignorar el asunto y esperar a que se resolviera por sí solo. Y entonces se me ocurrió una nueva idea:

¿Y si le digo a Mark la verdad?

Lo más probable es que al oírla se enojara y que me hiciera llamar al cliente para preguntarle qué problema tenía con él. Y entonces se volcaría por completo en volver a hacer que confiara en él a expensas de todo mi equipo y de mí. «¿Cómo he podido dejar que esto suceda si he estado trabajando tan duro en el proyecto? Pronto tendré que hacer mi presentación, y si Mark me ha cogido manía, ¿qué le ocurrirá al aumento de sueldo que estoy intentando conseguir? ¿Y cómo afectará este problema a los futuros trabajos que me asignen? La última vez que intenté decirle a Mark algo que él no quería oír, se enojó, lo rechazó y no me apoyó. Decirle la verdad es demasiado peligroso: podría poner en peligro el proyecto que tenemos con este cliente, la relación que mantengo con Mark y mi propio futuro en la empresa».

Todos esos pensamientos a los que yo daba vueltas me estaban costando un precio. No me dejaban descansar por la noche, y me estaban irritando y preocupando. La cabeza empezó a dolerme, mis Agradables Rutinas apenas me relajaban, estaba desorientada al haberme dedicado a Girar en Círculo en busca de una solución, y estuve a punto de crear el mayor de todos los Imanes. Decidí que tenía que dar un salto hacia delante y Conectar con la Verdad, sin saber el resultado que tendría.

Cuando me reuní con Mark, estaba tan nerviosa que las palmas de las manos me sudaban. Me concentré en explicarle simplemente la petición del cliente sin darle una solución. Mi objetivo era comunicarle el mensaje con claridad y concentrarme en ello, en lugar de hacerlo en los posibles resultados. Seguí desechando cualquier pensamiento superfluo o plan y dejé que la verdad se revelara por sí misma:

—No me resulta fácil decirte esto, Mark, pero el cliente me ha pedido que no participes en el proyecto.

Al llegar a este punto me costó mucho no seguir hablando, porque mi inclinación natural era intentar rescatar a Mark, para defender la intención del cliente, o mitigar la impresión que mis palabras pudieran causarle con el fin de que no se enojase. El diálogo que mantuvimos a continuación no fue fácil ni agradable para ninguno de los dos. Mark se puso a la defensiva. Yo volví a exponerle lo que el cliente me había pedido, sin añadir nada de mi propia cosecha, sin alterarme por lo que él me decía. No me dejé afectar por su fuerte reacción. Mantuve una postura imparcial, respiré hondo y seguí Conectando con la Verdad.

Las palmas de las manos me sudaban. El corazón me latía con fuerza. Pero mantuve la calma, porque era el estado adecuado para solucionar el problema. Seguí escuchando lo que Mark me decía y le hice saber que lo estaba escuchando, sin tomar ninguna postura. Después de desahogarse, él empezó a hacerme unas preguntas que yo podía responder. Por asombroso que parezca, logramos llegar a un acuerdo que satisficiera las necesidades de todos, simplemente porque al Conectar con la Verdad, yo había salido de la Zona del Miedo para entrar en la Zona del Poder.

CONECTA CON LA VERDAD

Conectas con tu mayor poder cuando vives siendo íntegro contigo mismo y con los demás.

Al Conectar con la Verdad estás conectado con tu verdadero poder. Intenta Conectar con la Verdad y luego lánzate a lo desconocido; es lo que yo llamo «trabajar con el Espacio de la Incertidumbre». No intentes configurar un resultado. Ten en cuenta que quizá te cueste hacerlo si eres una persona empática y, sobre todo, una mujer. Pero es la puerta por la que puede aparecer otro resultado. Si abandonas el Espacio de la Incertidumbre con demasiada rapidez, este proceso innovador no podrá tener lugar. El asombroso resultado que yo conseguí con Mark no habría ocurrido si le hubiera endulzado la situación, se la hubiese ocultado o le hubiera contado una verdad a medias.

Si eres como la mayoría de la gente, pensarás con escepticismo: «¡Uno no puede estar diciendo siempre todo cuanto piensa!». Pero el arte de Conectar con la Verdad se basa en tu intención y en las palabras que eliges pronunciar. Si un amigo te pregunta si te gusta su nueva casa, en lugar de responderle «¡Es horrible!», puedes decirle la verdad observándole: «No es mi estilo, pero puedo ver que serás muy feliz en ella». Si tu pareja te pregunta si el nuevo vestido que se ha comprado le hace parecer más gorda, puedes responderle: «A mí me parece que te sienta mejor el azul». Al pelearte con uno de tus hermanos, en lugar de soltarle: «¡No te soporto!», dile: «Ahora me siento demasiado molesto y enojado». Y al descubrir que tu hijo te ha mentido, en lugar de llamarle mentiroso, dile: «Hay algo que no me cuadra», o «No acabo de entenderlo». Céntrate en decir tu propia verdad y asegúrate de no imponérsela a la otra persona.

¿Por qué cambiar?

Cuando Conectas con la Verdad, fluye una energía positiva, y las soluciones de más alta energía aparecen como por arte de magia. Tienes amor propio y sientes que los demás te respetan. Esta sensación de bienestar se vuelve contagiosa y alcanzas tus metas con más facilidad. Intenta vivir y trabajar el máximo tiempo posible en el espacio situado entre la verdad y el resultado en el que ocurre un Gran Avance. De lo contrario estarás condenado a llevar una vida gregaria, lo que genera unas elecciones de baja energía que pueden llevarte al

Agujero Negro. Aunque a veces intimide, Conectar con la Verdad es lo que da menos trabajo, porque no has de recordar qué fue lo que dijiste y a quién se lo dijiste. También tendrás menos líos que solucionar y menos disculpas que dar. Sin todas estas complicaciones la vida se vuelve más sencilla y avanzas con más rapidez por ella. Te sientes más liviano y feliz.

Cuando Conectas con la Verdad, aunque no siempre te sientas más liviano y feliz enseguida, te encuentras siempre sobre un terreno seguro.

La antigua forma de actuar

Si tiene tantas ventajas, ¿por qué no Conectamos más a menudo con la Verdad? Porque la mayoría seguimos creyendo en los mitos más comunes sobre el peligro de Conectar con la Verdad. ¿Cuántas de las siguientes ideas siguen condicionando tu vida?

1. Una verdad a medias es mejor que nada.
2. No conseguiré lo que quiero.
3. La otra persona no podrá soportar la verdad.
4. Si le digo la verdad, le haré daño.
5. Si ignoro el problema el suficiente tiempo, desaparecerá.
6. Perderé la relación/amistad que mantengo.
7. Si digo lo que de veras pienso, los demás la tomarán conmigo.
8. Los enfrentamientos no sirven de nada y solo empeoran la situación al provocar fuertes emociones.
9. Está bien decir mentiras piadosas.
10. No es de mi incumbencia.

Estos diez mitos son los más aceptados y comparten un elemento fundamental: el *miedo*. Decimos verdades a medias y mentiras piadosas porque tememos meternos en problemas, decepcionar a alguien o ser rechazados. Si no logramos hacer la venta que nos hemos propuesto o perdemos a un cliente, nos da miedo fracasar. Si nuestro jefe oye toda la verdad, puede que perdamos la credibilidad, que nos grite, o incluso que nos despida. Nos da miedo perder la lealtad o la amistad de alguien si herimos sus sentimientos. ¿Y si entonces se enoja e intenta vengarse de algún modo? Ignoramos los problemas porque tememos ser incapaces de resolverlos. A menudo lo que más miedo nos da es enfrentarnos a nosotros mismos y a los defectos que creemos tener. Cuando me preguntaba qué podía hacer para que Mark no participara en el proyecto, experimenté todos estos dramas mentales porque estaba asustada. Este sentimiento ahogó mi voz interior y dejé que me hiciera perder el equilibrio. El miedo te aleja de la verdad con más rapidez que cualquier otra cosa.

Y como ya has aprendido sobre los Imanes en el capítulo 6, el miedo puede ser muy nocivo porque alimenta inseguridades y produce elecciones de baja energía. También es sumamente contagioso. Las malas noticias se difunden con rapidez, tanto si tienen que ver con rumores laborales como con recortes en el presupuesto y despidos, o con acontecimientos mundiales, como los desastres naturales y los ataques terroristas. La mayoría de nosotros nos confabulamos propagando el miedo cada día porque tendemos a compartir las cosas negativas con mucha más rapidez (y con mucha más gente) que las positivas. De hecho, si te fijas en las cinco siguientes conversaciones que mantengas, tanto si hablas con la familia o los amigos como si escuchas las conversaciones de los demás en el supermercado, verás que la mayoría de la gente se está quejando, echando la culpa a alguien o preocupándose por algo.

A través de Internet las malas noticias se difunden con más rapidez que nunca. Los clientes descontentos (y los empleados son clientes internos) que se quejan en el anonimato de un chat, influyen en miles de otros clientes. Esta negatividad afecta a su vez al volumen de ventas, a la satisfacción del cliente y al balance final.

Cuando creas vínculos basados en la negatividad y el miedo y no en la verdad, estos vínculos no perduran. En cambio, los contratos y los acuerdos verbales basados en la honestidad son más duraderos. Cuando actúas empujado por el miedo, tus pensamientos, sentimientos, palabras y acciones se desconectan fácilmente de tus valores morales y de la persona que aspiras a ser.

La nueva forma de ser

Para Conectar con la Verdad de manera coherente, da los siguientes pasos. La mayoría de estas conductas son invisibles. Ocurren en tu interior. Pero los resultados son visibles para todos:

1. Ten el valor de comprometerte con la verdad

Estar Conectado a la Verdad todo el tiempo requiere valor, y a menudo hay que ser valiente para poder oírla. Aunque nunca ha sido fácil de hacer. La mayoría de nosotros queremos que los demás nos aprueben de alguna forma antes de dar un paso hacia delante. Einstein al principio se retractó de su teoría de la relatividad *(e = mc²)* porque esta era muy radical, y solo se atrevió a exponerla en 1905, cuando un colega le presionó y animó a hacerlo. En su autobiografía Einstein dice que una de las cosas que más lamenta en su vida es no haber presentado antes la teoría de la relatividad.

Para presentar una nueva idea necesitas confiar en ti, sobre todo cuando no sabes cómo reaccionarán los demás. ¿Quieres actuar fuera de la Zona del Miedo o fuera de la Zona del Poder? ¿Quieres estar limitado por lo que los otros piensan en lugar de actuar con tu ilimitado potencial? Cuando no Conectas con la Verdad no haces más que rebotar en la Zona del Miedo, yendo de un drama a otro.

VIVIR EN EL CAMPO CUÁNTICO

¿Cuánto tiempo pasas dándole vueltas a la idea de Conectar con la Verdad?

¿Te acuerdas de una ocasión en la que, al tener el valor de Conectar con la Verdad, obtuviste unos resultados increíblemente positivos?

2. Asegúrate de que tus pensamientos, sentimientos, palabras y acciones estén de acuerdo con quien eres

Es fácil no Conectar con la Verdad al decir una verdad a medias u omitir algo. De pronto descubres que las ideas de tu mente, las emociones de tu corazón, las sensaciones de tu cuerpo, las frases que salen de tu boca y los pasos que das no concuerdan con la verdad. Y entonces has de esforzarte en disimular estas contradicciones para que no se te vea el plumero, gastando un montón de energía en ello. Asegúrate de que todos estos aspectos de tu vida concuerden. Tu integridad se refleja en las decisiones que tomas a cada momento, aunque no es fácil mantenerla, sobre todo cuando has de hacer unas elecciones que afectan directamente a la vida de otras personas. Sea cual sea la situación en la que te encuentres, puedes ser fiel a tus principios.

Henry Givray, presidente y consejero delegado de la SmithBucklin, la sociedad para la dirección empresarial más grande del mundo, volvió a unirse a la compañía en el 2002 para hacer en ella importantes cambios. Durante los últimos cuatro años la compañía había cambiado de propietarios. Era un momento crítico para el futuro de la misma y él había de afrontar algunas difíciles decisiones. Desde el principio el lema de Henry fue: «Para nosotros lo más importante son nuestros empleados». Cuando le preguntaron si iba a haber despidos, él Conectó con la Verdad diciendo: «Espero que no los haya, pero si esto ocurre, les garantizo que intentaremos a toda costa hacer que sean los mínimos posibles». Cumpliendo con su palabra, hizo los mínimos despidos. Incluso la compañía ha presentado hace poco un PPP (Plan de Propiedad Participada) y ahora los empleados son propietarios de la compañía al cien por cien. Henry estaba Conectando con la Verdad al decir: «Para nosotros lo más importante son nuestros empleados». ¿Acaso hay una mejor forma de demostrarlo que dejando que los mismos empleados sean los propietarios de la compañía?

VIVIR EN EL CAMPO CUÁNTICO

¿En qué áreas de la vida dices una cosa y haces otra?

Cuando te ocurre, ¿cómo te das cuenta de ello?

¿De qué forma los demás advierten estas incongruencias?

3. Conecta con la Verdad porque es lo más correcto y no porque desees conseguir algo con ello

Al elegir hacer algo por las razones correctas, surgen oportunidades que ni siquiera podías haber imaginado. En cambio, cualquier intento de controlar o manipular el resultado, por más bien intencionado que sea, erosiona tu poder.

A veces la verdad consiste en que no sabes la respuesta, y tu poder surge al aceptarlo. Jon, un compañero de trabajo, tuvo una horrible experiencia con una empleada llamada Diane. Por suerte ella había insistido en que le hiciera un contrato de noventa días para asegurarse de que encajaría en la empresa, ya que enseguida se ganó la antipatía de la mayor parte del equipo de Jon. Diane le estaba haciendo continuamente unas peticiones con las que él no estaba de acuerdo, y al primer mes de entrar en la compañía ya le pidió que despidiera a una ayudante administrativa que hacía tiempo que trabajaba para ellos.

Jon se enteró de que Diane había demandado a su anterior jefe por un despido improcedente y no estaba seguro de lo que debía hacer. Cada mañana le daba pavor ir a trabajar, y ya estaba contando los días que faltaban para que venciera el contrato de Diane. Una tarde, mientras volvían con el coche después de una presentación para un cliente, ella le dijo furiosa que no había cumplido con lo que ella le había pedido. Jon quería Conectar con la Verdad, y también vio que Diane no estaba dispuesta a oír que el principal problema era ella. Al llegar a la oficina, aparcó el coche, se volvió hacia ella, respiró hondo y le dijo mirándole a los ojos:

—Diane, no sé qué decirte. —Fue un momento de absoluta sinceridad. Jon deseó poder ofrecerle algo más, pero no era así.

—¡Pues mejor que se te ocurra algo! —le gritó ella dando un portazo mientras salía del coche.

Una hora más tarde Diane entró en el despacho de Jon con un papel que parecía ser un documento oficial y le preguntó si podía hablar con él unos minutos. Jon sintió una oleada de miedo, respiró hondo y le respondió:

—Claro, entra, por favor. —Diane cerró la puerta, pero no se sentó. Jon intentó no acobardarse.

—Solo quiero que sepas que has sido el primer jefe que me ha escuchado de veras —le dijo ella con los ojos empañados.

Jon se quedó atónito. Se había sentido incómodo al no saber qué decirle en el coche, pero como había Conectado con la Verdad, ella se había sentido escuchada. Después de aquel encuentro Diane se calmó, y al finalizar el contrato abandonó la compañía sin causar ningún problema.

Jon nunca supo qué era el papel que Diane sostenía al entrar en su despacho, pero se sintió aliviado al ver que no se trataba de una citación como en un principio había pensado. El problema con su empleada más problemática se había resuelto porque primero la había escuchado y después había reaccionado de una forma sincera. Al año siguiente Diane le llamó en varias ocasiones para seguir en contacto con él y agradecerle de nuevo que fuera un jefe tan solícito.

VIVIR EN EL CAMPO CUÁNTICO
Piensa en una difícil verdad que hayas de decir.
¿Qué palabras puedes utilizar para expresarla
sin imponérsela a la otra persona?

4. No te apegues al resultado

En un mundo centrado en los objetivos, en el que estamos siempre fijándonos en los resultados, Conectar con la Verdad quizá no parezca tener sentido. Sin embargo, al hacerlo, la mayoría de las veces obtenemos unos resultados mejores que si hubiéramos intentado conseguirlos a la fuerza.

Cuando Diane cerró de un portazo la puerta del coche de Jon, él se imaginó toda clase de situaciones posibles, y ninguna de ellas era demasiado buena. Al no concentrarse en el resultado (ni siquiera en uno positivo), pudo conectar con el poder de la integridad, porque estaba dispuesto a sentir el incómodo espacio de la incertidumbre y a dejar que surgiera un mejor resultado.

Con ello no quiero decir que no debas prepararte cuando tienes que afrontar situaciones difíciles. Haz los deberes. Juega con tus mejores bazas. Conoce las opciones que tienes. Pero no te obsesiones tanto por alguna de ellas que elimines la posibilidad de una mejor solución. Cuando no te apegas al resultado, tiendes menos a caer en el torbellino de Darle Vueltas al problema, o en la espiral de Girar en Círculo. Piensas con más claridad y puedes reconocer una solución de más alta energía cuando aparece.

Una vez que eliges una manera de actuar, eliminas las otras posibilidades. Y una manera de actuar basada en la posible reacción de alguien es un castillo de naipes construido en las especulaciones y no en la realidad. Cuando Jon decidió Conectar con la Verdad, tuvo que olvidarse de cualquier deseo por su parte de influir en la reacción de Diane. Si hubiera pensado en cómo manipularla, habría gastado mucha energía y habría perdido su poder. En cambio, al olvidarse de cualquier plan, la situación se resolvió por sí sola. Aceptó Conectar con la Verdad. Es la única forma de actuar y de vivir.

¿Te preocupa el resultado que puedas obtener al Conectar con la Verdad?
¿Puedes darte cuenta de ello?

5. Escucha a los demás mientras Conectan con la Verdad antes de decirles lo que piensas

A veces necesitas escuchar a los demás mientras Conectan con la Verdad antes de decirles lo que piensas. Uno de los mejores maestros en este arte es Roger Tondeur, consejero delegado del MCI Group S. A., una importante empresa paneuropea especializada en la organización de eventos y en la información. Roger siempre está concentrado en el presente. Tanto si está hablando con uno de los vicepresidentes como con la recepcionista, tiene una increíble habilidad para escuchar a los demás y recordar las conversaciones que mantiene. No está apegado al ego o al prestigio, sino que está centrado en conectar con la gente, siempre desea conocer los puntos de vista de los demás. Roger sabe tantas cosas sobre las personas con las que ha cenado una sola vez como las que yo sé sobre algunos de mis parientes. Cuando le pregunté cómo lo hacía, me respondió: «Es que me interesa de veras lo que los demás me dicen». Este es probablemente el secreto del éxito de Roger (y el de su compañía).

VIVIR EN EL CAMPO CUÁNTICO

¿Quiénes son los que mejor saben escuchar en tu vida?
¿Para quién eres tú alguien que sabe escuchar?
¿Hay alguien en tu casa que necesite que le escuches?
¿Hay alguien en el trabajo que necesite que le escuches?

6. Cuando te olvides de Conectar con la Verdad, vuelve a conectar con ella lo antes posible

En cuanto aceptes lanzarte al espacio de la incertidumbre y actuar con integridad, descubrirás que lo más difícil es seguir manteniéndote en ese lugar. Las buenas personas continuamente se olvidan de Conectar con la Verdad , pero tú puedes volver a hacerlo en cualquier momento. Al entender el poder que tienen tus pensamientos, sentimientos, palabras y acciones, puedes crear un ambiente basado en la integridad; en ese caso tu vida progresará como nunca antes lo había hecho.

Para volver a Conectar con la Verdad, hazte tres preguntas: ¿En qué no estoy siendo consecuente? ¿En qué no estoy siendo sincero? ¿En qué sentido no estoy siendo yo mismo? Has de hacer que tu autenticidad se base en la energía y no en el miedo. Cuando eres íntegro, conectas con tu verdadero poder.

VIVIR EN EL CAMPO CUÁNTICO

¿Te has olvidado de Conectar con la Verdad?
¿Qué harás para solucionarlo?

7. Acéptate tal como eres

Conectar con la Verdad significa aceptarte tal como eres. Mi madre era muy buena aparentando que estábamos en una situación económica mejor de lo que en realidad era. Su madre había hecho lo mismo. A una edad muy temprana, si yo estornudaba demasiado ruidosamente en la iglesia o si salía de casa con un agujero en el calcetín, me decía: «¡No seas una Pogson!». Al crecer comprendí que «Pogson» no era una palabra real, sino que se refería a una familia un poco burda del pueblecito inglés donde mi abuela vivía. Con el paso de los años, los habitantes del pueblo se acostumbraron a la idea de que los Pogson se comportaban de una forma inapropiada en público. En nuestra familia ser un «Pogson» quería decir ser un poco incongruente, no dar la talla, quedarse un poco atrás, y, sin embargo, era una palabra cariñosa. Mis primas y yo todavía seguimos gritando «¡Pogson a la vista!», y nos echamos a reír cuando una de nosotras hace algo que no concuerda con la imagen que queremos dar, como derrochar el dinero comprando unos zapatos demasiado caros y luego decidir ir a la sesión de cine más barata para ahorrar unas moneditas. Acepta al Pogson que hay en ti.

Mi amiga Cathy se crio en una tabacalera y trabajó en el campo. Aunque ahora sea una famosa ejecutiva y gane un sueldo de seis cifras, sigue comprando los objetos para decorar su hogar en tiendas económicas y aprovechando las rebajas. También se ocupa ella misma de limpiar la casa. No lo hace por tacañería, sino porque estos detalles la ayudan a recordar la persona que es. Cuando te olvidas de quién eres y te deshaces de demasiados aspectos tuyos, no estás viviendo con integridad y eres menos capaz de Conectar con la Verdad.

Cuanto más íntegro es tu modo de vivir, más incorporas en tu vida todos los aspectos de tu ser. Tienes diversas realidades, pero si solo te fijas en una, te estarás limitando. Por ejemplo, pongamos que eres un padre, un hijo, un marido, un hermano, un empleado, un amigo y el entrenador de un equipo de fútbol infantil. Una de las verdades es que estás en trámites de divorcio. Otra es que te está yendo muy bien en el trabajo. Otra, que estás ayudando económicamente a tus padres ya mayores, y otra, que te has distanciado de tu hijo y solo le ves en los entrenamientos.

Si vives solo con una de estas realidades, «Soy un mal padre», te estás limitando, porque tú eres muchas otras cosas más, y tu poder viene de ser sincero contigo mismo en cuanto a tus realidades, ya que también eres un buen padre y un magnífico trabajador. Y cuanto más puedas ver estas verdades, más fácil te resultará aceptar todas tus realidades y vivir con ellas cada día, porque entonces es cuando más poder tendrás. La verdad más importante es aceptar las múltiples realidades que tú eres. Al aceptarlas, cruzas una puerta mágica y entras en la Zona del Poder del Espectro de la Energía.

VIVIR EN EL CAMPO CUÁNTICO

Enumera todas las múltiples realidades que estás viviendo en este momento.
¿En cuál de ellas te estás concentrando?
¿Cómo puedes aceptar el Pogson que hay en ti?
¿Has intentado deshacerte de algún aspecto tuyo para impresionar a los demás?

Conecta con la Verdad en cualquier situación

A lo largo de los años vivimos distintas realidades con nuestros padres. Primero son ellos los que se ocupan de nosotros, y después somos nosotros los que nos ocupamos de ellos. Es fácil creer que cuando nuestros padres sean mayores no podremos decirles la verdad, porque nos han estado diciendo toda la vida lo que debíamos hacer, y ahora este cambio de papeles nos parece extraño. Una de las situaciones más difíciles que muchos adultos afrontan es cuando han de decidir por sus padres, sobre todo cuando los cambios que les aconsejan no son del agrado de estos.

Mis hermanas y yo estábamos cada vez más preocupadas porque mi padre seguía conduciendo. Decidimos ser directas en lugar de decírselo con rodeos. Cuando nos reunimos con él, le dije:

—Papá, hemos notado que estás perdiendo reflejos, aunque no sea por tu culpa. Ya tienes ochenta y seis años y no creemos que sea seguro que sigas conduciendo. —Añadí que me había dado cuenta de que reaccionaba con más lentitud al viajar en su coche un par de veces. Mi comentario le sentó fatal.

—Cariño, hace setenta años que conduzco —me respondió. Para él dejar de conducir era como morirse. Seguimos hablando del tema y accedió a conducir solo de día sin traspasar los tres kilómetros a la redonda del perímetro de su casa. Al cabo de seis meses, decidió por sí solo dejar de conducir.

Un año más tarde, lo hospitalizaron a causa de una pulmonía. Tomé el avión para ir a verle. Al llegar al hospital me quedé asombrada de lo mucho que había cambiado en aquellos pocos meses. Como mis dos hermanas lo veían con mucha más frecuencia que yo, ellas no habían notado los cambios que para mí eran tan visibles. Mi padre estaba desmejorado y había perdido peso. Había sufrido una caída, y fue después de que mis hermanas y yo cambiamos impresiones cuando comprendimos que debíamos tomar una decisión. Había llegado la hora. Nuestro padre tenía que ir a vivir a un lugar donde tuviera más apoyo, pero él no quería dejar su casa.

¿Qué vamos a hacer ahora? ¿Consentirle que viva solo, a expensas de que pueda pasarle cualquier desgracia? ¿Elegir una residencia y decirle que no tiene más remedio que vivir en ella? ¿Contratar a una enfermera para que lo cuide y gastar en el proceso todos sus ahorros? Si hubieras estado allí, entenderías lo dura que puede ser una situación como esta.

Él siempre había sido el adulto, el que dirigía nuestras vidas. Pero ahora éramos nosotras las que dirigíamos la suya, y él se sentía incómodo y extraño.

Al ir a verle al hospital, fuimos de nuevo al grano:

—Papá, no puedes seguir viviendo solo, acabas de tener una pulmonía. Estás demasiado débil. Necesitas que una enfermera se ocupe de ti. Que alguien te ayude a levantarte de la cama, a bañarte, a cocinar y a comprobar que te tomas los medicamentos que te ha recetado el médico.

No le gustó nada oírlo, pero era la pura verdad. En lugar de intentar engatusarle diciendo: «Este lugar es muy bonito. ¿No te gustaría quedarte a vivir en él?», le dijimos: «No puedes seguir viviendo solo. Hemos estado visitando varias residencias y hemos elegido las dos que nos han gustado más. Podemos ir a echarles un vistazo». Odiaba la idea de irse de su casa, así que le dijimos que si su salud mejoraba, podía volver a su piso y que nosotras no lo pondríamos en venta. Que solo lo haríamos si le gustaba su nuevo hogar. Fuimos sinceras y le ofrecimos varias elecciones. A mi padre le impactó que dirigiéramos su vida, pero creo que aún le impresionó más que las tres hermanas coincidiéramos en algo por primera vez.

Al salir del hospital se fue a vivir a una residencia para personas mayores. Como tenía tantas ganas de volver a ser independiente, al cabo de un mes se mudó a una residencia particular, contrató un servicio de asistencia a domicilio y nos dijo: «Vended el piso». Tres meses más tarde se sentía más feliz de lo que se había sentido en los últimos cinco años. Ahora puede ir a la cafetería, tomar tres comidas al día y ha engordado siete kilos. Y su vida social también ha aumentado de manera exponencial. Ojalá le hubiéramos dicho la verdad hace cinco años, cuando quiso comprar el piso. ¿Por qué no lo hicimos? Porque nos daba miedo herir sus sentimientos y complicarle aún más la vida.

Di la verdad, en cualquier situación. Siempre pensamos que la otra persona reaccionará peor de lo que acaba reaccionando. Cuando Conectas con la Verdad, dejas el espacio para que ocurran los milagros.

RESUMEN

- Cuando te comprometes a Conectar con la Verdad sin perseguir ningún resultado, eres capaz de moverte a través de la pesadez y la carga que conlleva una situación y acceder a la sabiduría, por más difíciles que sean las circunstancias.
- Cuando ocultas tus sentimientos e insistes en que todo va bien, no estás Conectando con la Verdad. Al no ser íntegro, produces una interferencia en el Campo y los demás lo notan.
- Los diez principales mitos sobre Conectar con la Verdad (fomentados por el miedo) son:
  1. Una verdad a medias es mejor que nada.
  2. No conseguiré lo que quiero.
  3. La otra persona no podrá soportar la verdad.
  4. Si le digo la verdad, le haré daño.
  5. Si ignoro el problema el suficiente tiempo, desaparecerá.
  6. Perderé la relación/amistad que mantengo.
  7. Si digo lo que de veras pienso, los demás la tomarán conmigo.
  8. Los enfrentamientos no sirven de nada y solo empeoran la situación al provocar fuertes emociones.

9. Está bien decir mentiras piadosas.

10. No es de mi incumbencia.

- Ten el valor de comprometerte a Conectar con la Verdad.

- Asegúrate de que tus pensamientos, sentimientos, palabras y acciones estén de acuerdo con quien eres.

- Conecta con la Verdad porque es lo más correcto y no porque desees conseguir algo con ello.

- No te apegues a los resultados.

- Cuando te olvides de Conectar con la Verdad, vuelve a hacerlo lo antes posible.

- A veces necesitas escuchar a los demás mientras Conectan con la Verdad antes de decirles lo que piensas.

- Acéptate tal como eres.

12

Cree

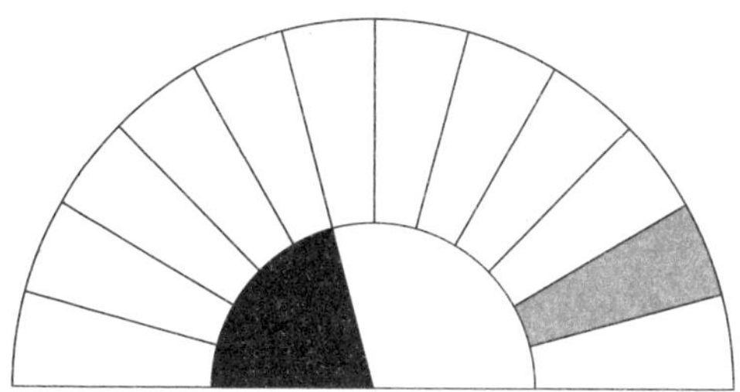

¿Recuerdas alguna ocasión en la que creíste con toda tu alma en algo o en alguien en los que los demás también creían? ¿Te acuerdas de alguna vez en la que creías tanto en algo que inspiraste y conmoviste a quienes te rodeaban? Este es el poder de Creer. Te permite generar unas puertas que te conducen a nuevas posibilidades, sea cual sea la realidad en la que estés concentrado.

¿Has intentado alguna vez adelgazar? Si es así, te pido que te pongas en mi lugar al leer la siguiente mágica experiencia: «¡Oh, Dios mío! No puede ser». Al oír mi exclamación, algunas mujeres que estaban en el vestuario del gimnasio me miraron y sonrieron. Me bajé de la báscula y volví a subirme a ella, moviendo las pequeñas pesas hasta que las barras se equilibraron. ¡Caramba! Indicaba el mismo peso. La última vez que me había pesado en Weight Watchers había perdido cinco kilos. Y si le añadía los ocho que había perdido ahora… ¡significaba que había perdido en total trece kilos! Estaba impresionada, y no pedí a una, sino a dos mujeres, que comprobaran si me había pesado bien. Las dos afirmaron que así era.

Estaba loca de contenta. ¡Trece kilos! Solo había estado igual de delgada cuando iba al instituto y me mataba de hambre. Habían transcurrido cinco semanas desde la última vez que me había pesado. Era evidente que combinar el programa de Weight Watchers con el ejercicio físico había dado resultado. Me sentí muy orgullosa de mí misma, tenía una sonrisa de oreja a oreja. Mientras me vestía me divertí al ver lo holgada que me iba la ropa. Al salir del gimnasio e ir a pie a la oficina, eché un vistazo a mi figura reflejada en el edificio acristalado. Normalmente habría mirado enseguida hacia otro lado, pero hoy me la quedé contemplando y pensé: «¡Oh, sí, tengo una figura fantástica, he perdido trece kilos!». Mientras dejaba atrás el edificio toda ufana, advertí que varios hombres se quedaban con la boca abierta al verme. Me dije en mi fuero interior: «¡Oh, sí, he perdido trece kilos!», y les sonreí.

Al entrar en el edificio y meterme en el ascensor, uno de mis compañeros de trabajo me dijo:

—Brenda, tienes un aspecto fenomenal. ¿Has adelgazado?

—¡Pues sí! —le respondí—, he perdido trece kilos. ¡Gracias por haberlo notado!

Me sentía en el séptimo cielo. Como si estuviera flotando. Aquel día todo me fue sobre ruedas. Fue perfecto. Cerré fácilmente dos difíciles negociaciones, y cuando creía que el día ya no podía irme mejor, no recibí una, sino dos llamadas de dos antiguos novios. Me sentía tan bien que pensé: «Voy a ir a Weight Watchers para validar mi victoria. Quiero recibir la cinta que muestra que solo he de perder dos kilos más para llegar a mi peso ideal».

Fui a Weight Watchers sintiéndome segura y relajada. Al llegar entregué la cartilla a Margie, y ella me dijo que me subiera a la báscula. Protesté alegremente. Margie me entregó la cartilla y, para mi sorpresa, vi que había escrito medio kilo en lugar de cinco. Le dije sonriendo:

—Perdona, Margie, pero te has equivocado.

Ella echó un vistazo a la cartilla y respondió:

—No, cariño, es correcto. Has perdido medio kilo.

¿Cómo podía ser? Tenía que haber un error.

—Margie, sé que la última vez que vine había perdido cinco kilos, ¡o sea que en total he perdido trece kilos!

Margie me miró por encima de sus gafas y respondió sujetándome:

—De acuerdo, vuelve a subirte a la báscula.

Me subí una vez más. Y Margie dijo en voz baja:

—Lo siento, cariño, solo has perdido medio kilo.

¿Solo medio miserable kilo? ¿Cómo podía ser?

Me bajé lentamente de la báscula para no llamar más la atención. No recuerdo nada de lo que me dijeron, porque me puse a cavilar en el asunto y a Girar en Círculo. Cuando por fin llegué a casa, me sentía fatal. Me senté en el sofá, con la mirada perdida.

Respiré hondo varias veces y de pronto lo comprendí. Como había creído haber perdido trece kilos, todo el día había estado actuando como si así fuera, convenciendo a los demás, y todo porque yo me lo había creído con toda mi alma. Este alto nivel de energía era contagioso y todas las personas que entraron en contacto conmigo lo sintieron. Este es el poder del que dispones cuando Crees en algo.

CREE

Tú creas aquello en lo que crees de una manera profunda y auténtica.

Los inmediatos y poderosos resultados positivos de los que gocé mientras me encontraba bajo el hechizo de mi falsa idea sobre mi pérdida de peso destacó el potencial con el que conectas cuando ves tu vida o tu trabajo a través de las lentes de una rotunda creencia. Técnicamente yo no había perdido trece kilos, pero como realmente creía que así era, el campo cuántico me reflejó esta realidad. ¿Me había engañado? ¡Sí! ¿Importaba? No, porque yo creía con cada fibra de mi ser que así era. No confundas esto con las afirmaciones positivas o con intentar creer en algo con la fuerza de la voluntad o convenciéndote. Cada mañana al levantarte puedes decidir cómo creas el día que te espera. ¿En qué eliges Creer? Hace poco me contaron una entrevista con su santidad el dalái lama en la que le preguntaban cómo lograba tener una actitud tan positiva a pesar de los insuperables problemas que él y el pueblo tibetano afrontaban. El dalái lama simplemente respondió en voz baja:

—Porque me siento mejor al afrontarlos de ese modo.

Cuando eliges Creer, conectas con la Zona del Poder, donde todo sucede con más rapidez. Cuando tu intención y aquello en lo que crees tienen esta clase de intensidad, no tienes miedo, por eso no haces elecciones de baja energía y alcanzas aquello que deseas no solo conscientemente, sino también inconscientemente. Una de mis realidades es la censuradora voz en mi cabeza que siempre quiere que yo adelgace. En cuanto tuve la prueba de que había adelgazado (cuando las dos mujeres del gimnasio confirmaron que lo que marcaba la báscula era correcto), creí de veras en ello y creé uno de los días más memorables de mi vida. No dejé el espacio para ninguna otra opción. Fui capaz de acceder a la Zona del Poder desde un lugar muy puro. No hubo interferencias, ni distracciones. Solo una pura corriente de conocimiento.

En lugar de miedo, sentí excitación y alegría, unas emociones de una energía muy alta, al igual que el amor y el aprecio. Aunque estaba actuando con una información incorrecta, me sentí fenomenal porque creía con toda mi alma que era cierta. Sin duda tú también habrás vivido en alguna ocasión una experiencia parecida, quizá cuando un adulto creyó en ti cuando eras niño, o al sentirte arrastrado por una poderosa idea o por un movimiento político o social. Mi amigo Nick, por ejemplo, siempre creyó que tendría hijos. Se casó en la mitad de la cuarentena, y una semana después de volver de la luna de miel, le diagnosticaron un cáncer muy agresivo. Laura, su mujer, se quedó embarazada, y Nick creía rotundamente que superaría su enfermedad y viviría para conocer a su hija. Y así fue. Zoe nació el 11 de abril, el día del cumpleaños de Nick. Seis meses más tarde, los dos siguen progresando felizmente.

¿Por qué cambiar?

¿Quién no desearía crear más fácilmente aquello que desea? Si dejas que surjan las posibilidades, puedes crear en tu vida unos resultados que no imaginabas que fueran posibles. Al creer intensamente en algo, haces que ocurran unos cambios reales e importantes, porque no estás encadenado por lo que la familia, los amigos, los compañeros de trabajo, los jefes o la cultura piensa en general. Te liberas a ti mismo. Ya no desperdicias tu energía respondiendo como los demás esperan que lo hagas. Accedes a tu verdadero poder. Y cuando son muchas las personas que adoptan esta poderosa actitud mental, pueden cambiar una nación entera, o incluso el mundo.

La antigua forma de actuar

La antigua forma de actuar no ha sido más que eso: actuar. Te has dedicado a actuar teniendo en cuenta solo una realidad cada vez. Estas distintas realidades pueden haber consistido en afirmaciones positivas, en visualizaciones, o en intentar que se cumpliera aquello que deseabas, sea cual sea la respuesta para ti. A lo largo de los años, muchos de nosotros hemos utilizado distintos métodos para sobrepasar nuestros aspectos de baja energía. Algunos de estos métodos de probada eficacia consisten en determinadas ideologías, religiones o prácticas espirituales, como la meditación, el yoga y la intuición. Hemos escrito diarios, musitado textos religiosos y asistido a grupos de apoyo y a retiros silenciosos. Algunos de nosotros hemos seguido dietas vegetarianas y limpiado el cuerpo con enemas. Quizás hemos dispuesto nuestro hogar siguiendo los principios del Feng shui a la perfección. Hemos experimentado instantes trascendentales, y cuando no hemos alimentado este estado de nirvana, nos hemos sentido desanimados y decepcionados con nosotros mismos.

Pero ninguno de estos métodos nos permite mantener ese nivel de gozo por completo, porque representan solo algunas de nuestras realidades. El secreto de la nueva forma de actuar no consiste en intentar forzar un estado de felicidad y alegría, sino en aceptar tus numerosos aspectos al no rechazarlos ni minimizarlos. De hecho estás viviendo muchas realidades todo el tiempo, y cuando Crees en algo, puedes actuar con todo tu poder en el campo cuántico.

No te desvíes al someter aquellas partes tuyas de baja energía a un programa de autoayuda. Tu tarea no consiste en reformarlas, ya que actúan a una frecuencia demasiado baja en el Espectro de la Energía como para poder hacerlo. Recuerda que, por más bien que trates a un dragón de Komodo, te devorará de todas formas. Por eso existe. Con tus aspectos de baja energía ocurre lo mismo. Siempre estarán contigo. Su propósito es funcionar a esa frecuencia en tu vida. En lugar de intentar cambiarlos, has de aprender a vivir con ellos y reconocer el papel que desempeñan y cómo afectan a tus elecciones. Los has creado para que te ayuden, y cuando eras pequeño o atravesaste una crisis, lo hicieron. Pero en un momento dado dejan de funcionar. Llegas a una encrucijada. Puedes seguir recreando las mismas circunstancias de siempre o liberarte para hacer realidad tus sueños. El regalo que te ofrecen tus aspectos de baja energía es una vida totalmente nueva. Pero aunque los reconozcas, no significa por ello que vayan a desaparecer. Al ver que están actuando en tu vida, puedes hacer elecciones de una energía más alta. Es entonces cuando eres libre.

La nueva forma de actuar

La nueva forma de actuar no consiste en «hacer», sino en «ser», en ser y vivir aquello en lo que Crees. Para alcanzar este estado mental has de dar tres pasos:

1. Reconoce dónde estás en el Espectro de la Energía
Utiliza los capítulos del libro como una guía. Da un nombre a la elección que estés haciendo a cada momento. A medida que vayas aplicando el Espectro de la Energía en tu vida, experimentarás cada vez más su fluidez, y entrarás y saldrás de las distintas opciones de las que se compone instantáneamente. Saber cuándo estás en la Zona del Miedo y cuándo en la Zona del Poder, te permitirá dejar de crear unas realidades

que no deseas. Te darás cuenta de que cuanto más trabajes con la Energía del Espectro, más tridimensional te parecerá. Al verlo desde esta perspectiva, entiendes mejor cómo puedes pasar con tanta rapidez de una elección a otra. Al principio del capítulo 2 describo la enloquecida mañana que tenía cuando intentaba salir de la ciudad. Al ser consciente de mis elecciones de aquel momento y que me encontraba en la Zona del Miedo, pude cambiar la dirección de aquel día que casi parecía insalvable al decidir hacer unas elecciones en la Zona del Poder. Esta es la promesa del campo cuántico: puedes llevar a cabo muchas más cosas sin necesidad de forzar la situación.

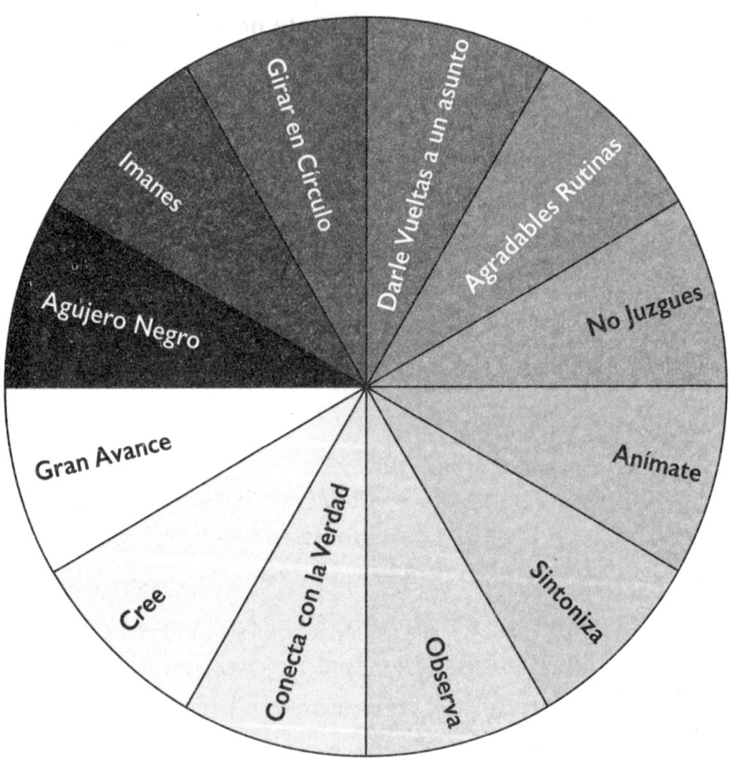

Piensa en un día en el que hayas estado experimentando todas las zonas del Espectro de la Energía. A lo largo de él te sientes triste sobre el pasado, intentas controlar el futuro, y procuras afrontar la difícil situación en la que estás. Has pasado de sintonizar con un amigo durante una maravillosa conversación telefónica a tomar una medida de disciplina en el trabajo, por eso le has estado dando vueltas al problema que tienes en él, y luego te has animado al recordar algo que tu hijo pequeño ha hecho esta mañana. El secreto está en saber en qué lugar del Espectro de la Energía te encuentras en cualquier momento. Tu poder viene de entender esto, y no de intentar controlar el lugar del espectro al que vas.

2. Recuerda que tu realidad presente no es la única realidad, ni toda ella

Invita a algo que sea más grande que tu realidad presente. Para poder trabajar con tus múltiples realidades has de aceptar, reconocer y advertir que han estado actuando en tu vida. Cuando te das cuenta de ello, surge la magia. Al ser capaz, por ejemplo, de decir: «Soy un/una padre/madre responsable, una hija negligente, estoy en baja forma física, soy una nulidad administrando el dinero», vas en el acto a la Zona del Poder del Espectro de la Energía. Al aceptar todo aquello que tú eres lo trasciendes.

Si te ocupas del jardín, lo más probable es que te obsesiones con las malas hierbas. Pero por más a menudo que las saques, siempre volverán a crecer. Nuestras elecciones de baja energía son así. Puedes gastar todo tu tiempo y energía enojado porque te están arruinando la vida, intentar prevenirlas o librarte de ellas. Pero la respuesta está en reconocerlas, bendecirlas y apreciarlas. Sin que tú hagas nada, brotan por sí solas y se propagan. Son resistentes y nos muestran cómo sobrevivir.

De igual modo, has de reconocer cómo tus elecciones de baja energía han actuado en tu vida. Si no tuvieras unos aspectos de baja energía, no podrías experimentar la Zona del Poder del Espectro de la Energía. No serías un ser completo. ¿Por qué intentar que el sendero esté siempre libre de hierbas? Es imposible. Y recuerda que muchas malas hierbas florecen y pueden ser unas plantas muy hermosas.

Mi amiga Erin Caldwell, cofundadora de Quantum Ties Inc., una compañía con sede en Vancouver, vive todas sus realidades cada día. También le encanta ocuparse del jardín. Ya no se obsesiona con las malas hierbas. Ahora las considera una metáfora de las realidades de baja energía en su vida. Aprende a querer tus mundos conocidos, acepta cuándo estás Girando en Círculo, y observa con afecto tu mente cuando se ponga a Darle Vueltas a un asunto. Al crear un Imán, afróntalo sin miedo ni desesperación, y acéptalo como una oportunidad para conectar con una parte tuya muy poderosa. Erin lo expresa en estas estrofas procedentes de *Weeds, Wildflowers and Wonder* [Hierbajos, flores silvestres y admiración], su libro de poemas:

Al aceptar
todo cuanto
hay
en mí,

puedo verterlo en el mundo
como una fértil semilla
que hace que todo florezca.

Te ruego que me creas
cuando te digo

que las malas hierbas y las flores silvestres
son la verdadera maravilla,
pues retienen tu tierra
en su oscuridad y su luz,
y al quererlas
tu hogar se transforma en tu paraíso[1].

Si no fuera por tus aspectos de baja energía, no podrías experimentar todo tu poder, al igual que no siempre puedes distinguir las malas hierbas de las flores silvestres. Si no exploras todos tus aspectos y los aceptas totalmente, no podrás ofrecer tus «semillas» al mundo y estas no florecerán. Precisamente aquello que estás intentando cambiar, reformar o trascender son en realidad las semillas que acabarán convirtiéndose en todo tu poder. Al aceptarlas, «tu hogar se transforma en tu paraíso». Es decir, el paraíso viene a ti. Tú lo atraes en lugar de ir en su busca.

3. Crea el espacio necesario para invitar a tu realidad más elevada y tu sueño más descabellado

Esta orgánica forma de vivir es una invitación para convertirte en un ciudadano cuántico, para llevar una vida interdependiente. Entonces es cuando ya no estás más solo. El campo cuántico está esperándote con los brazos abiertos a esta nueva realidad. Y a medida que eres capaz de aceptar todas tus realidades con amor, te conviertes en el holograma de un universo y una realidad más inmensos. Esta forma de pensar, aunque parezca sencilla en esencia, cuesta más de aplicar de lo que parece. Su sencillez está en aceptar las múltiples realidades de quien eres. Los problemas surgen cuando estás dominado por alguna elección de baja energía y crees que es la única realidad. Pero no dejes que sea así.

Tal como David Hawkins nos recuerda: «No hay nada de lo que debamos sentirnos culpables ni nadie a quien culpar. No hay nadie a quien odiar, aunque sí hay algunas cosas que es mejor evitar, y esta clase de callejones sin salida se volverán cada vez más evidentes. Cada uno de nosotros hemos elegido nuestro propio nivel de conciencia y, sin embargo, nadie podría haberlo hecho de otro modo en ningún momento. Solo desde "aquí" podemos llegar a "allí"»[2].

VIVIR EN EL CAMPO CUÁNTICO

Piensa en una situación que esté captando toda tu atención.

Describe dos posibles perspectivas de baja energía sobre esta situación.

Describe dos perspectivas de alta energía.

Piensa ahora en cómo tus elecciones han estado apoyando la visión de baja energía que ha predominado en tus pensamientos y acciones.

¿Cómo crearás y mantendrás una visión de alta energía?

Cuando fluyes con el campo cuántico, subes el listón al elevar tu frecuencia. La interconexión que mantienes con todo el mundo y con todo cuanto hay en él activa el poder exponencial del campo. Las barreras desaparecen. ¿Cómo puedes empezar a llevarlo a cabo? Con la siguiente elección que hagas. La vida sigue, y sin duda afrontarás situaciones difíciles. Sin embargo, en tu calidad de ciudadano cuántico puedes hacer frente a todo cuanto la vida te depare, incluso encontrándote en el más hondo y oscuro Agujero Negro.

Vivir en el campo cuántico con el corazón

Aunque yo no hubiera adelgazado tanto, creé aquella realidad porque Creí que era así. Tú puedes elegir Creer en algo, sea cual sea la realidad que esté manifestándose en tu vida. Mi madre y yo compartíamos una conexión intuitiva, y la mayor parte de mi vida creí que ella era mi vínculo con el campo cuántico. El mejor regalo que me hizo fue mostrarme que no era así. Aprendí a Creer de la siguiente forma.

Mi madre ha sido una poderosa influencia toda mi vida, por eso me sentí confundida e inquieta un día de Acción de Gracias en que no se comportó como de costumbre. Siempre ha sido una mujer optimista, pero aquel día la vi distante desde el momento que llegó con mi padre el lunes para quedarse una semana conmigo, y además solo prestaba atención durante breves momentos. ¿Qué le estaba pasando? Durante todo el día estuve sin quitarle el ojo de encima, y le pregunté sobre su salud. El miércoles, cuando admitió que no se encontraba bien, concerté una cita con el médico. Este dijo que mi madre tenía algunos síntomas irregulares y, aunque no se mostró demasiado preocupado, le aconsejó que fuera a ver a su médico de cabecera al volver a casa.

Celebramos el día de Acción de Gracias con mi prima en Wisconsin. Mi madre siempre había sido una persona muy activa, pero aquel día incluso le costó un gran esfuerzo ir del sofá a la mesa para cenar. Cada año al servir los postres elogiaba el delicioso pastel de pacana relamiéndose y poniendo los ojos en blanco a cada bocado. Pero en aquella ocasión apenas habló y solo comió un poquito de pastel. Y luego volvió enseguida a echarse en el sofá. Mi madre me miró y me dijo:

—No sé lo que me pasa, pero me encuentro muy mal.

Llamamos al médico. Nos dijo que le tomáramos la tensión, y al oír las cifras exclamó que la lleváramos a urgencias enseguida. De camino del hospital me puso su mano sobre mi rodilla y me dijo:

—Cariño, me estoy muriendo.

Al cabo de ocho horas le diagnosticaban una leucemia.

Mi madre, una mujer de 66 años y muy juvenil, que nunca había estado enferma, se encontraba ahora muy grave. Aquella noche me quedé a su lado en el hospital, y también al día siguiente, pensando cómo iba a organizar mi vida para poder estar con ella mientras se sometía al tratamiento. Aquella noche insistió en que fuera a casa a descansar un poco. A la mañana siguiente me desperté con una migraña y supe que algo no iba bien. Mientras me vestía rápidamente, me llamaron del hospital diciendo que fuera enseguida porque mi madre había sufrido un aneurisma.

Cuando llegué, ya estaba semiinconsciente. A últimas horas de la mañana volvió a tener otro. Aquella noche me quedé con ella en la habitación, intentando darle sentido a lo que estaba ocurriendo. Al tercer día el neurocirujano nos comunicó que seguramente tendrían que estabilizarla en un estado vegetativo y nos preguntó si ella hubiera estado de acuerdo con ello. Mientras intentábamos hacer una llamada de larga distancia para hablar con mis hermanas y decidir lo que haríamos, el médico entró en la habitación y dijo:

—Tu madre ya se ha encargado de decidirlo. Acaba de tener un tercer aneurisma.

Mientras mi madre se moría, yo pude estar a su lado, sosteniéndole la mano y hablando con ella. Sabía, por las conversaciones que habíamos mantenido acerca de la salud de mi padre, que lo último que quería es que la mantuvieran viva artificialmente. Decidimos que la desconectaran de la máquina. Mi padre me preocupaba muchísimo, temía que le diera un infarto en cualquier momento. Mi prima, él y yo estuvimos junto a mi madre. Yo le sostuve la mano izquierda entre mis manos.

—De acuerdo, mamá, ahora ya puedes irte. No te preocupes por papá.

Sabía que la máquina había empezado a dejar de funcionar, pero yo estaba totalmente absorta en mi madre. En el momento en que la línea de las constantes vitales reveló que había muerto, pude sentir que mi madre abandonaba su cuerpo y, mirando al techo, le dije:

—Te quiero muchísimo, mamá.

Un torrente de energía me entró por la mano izquierda y ascendió por mi brazo. Sentí que una cálida oleada de puro amor y alegría se extendía por mi cuerpo y rompía en mi corazón. Fue el momento más gozoso y sereno de toda mi vida. En aquel instante supe que mi madre iba a estar bien. «Tú tienes esos dones, Brenda. Créeme. Tú eres la que tiene el poder, yo no he sido más que tu conducto. Ve ahora a hacer algo con él».

Y así lo he hecho.

Tú también lo harás.

Agradecimientos

Quisiera expresar mi agradecimiento a Roger Jellinek, mi agente literario; a Georgia Hughes, mi editora, y al increíble equipo de la New World Library por creer en este libro y mejorarlo.

Desearía dar en especial las gracias a Winnie Shows por hacer que las palabras fluyeran en el proyecto «sin solución de continuidad». También quiero agradecer a Erin Caldwell su constante apoyo y la generosidad de sus conocimientos y espíritu. Le mando a mi padre un fuerte abrazo con todo mi cariño por haberme estado apoyando siempre sin haberme dicho nunca: «¡Te lo dije!». Quiero dar las gracias a Laurie —*eres el viento que hay bajo mis alas*— Hansen, por su amistad, sentido del humor y capacidad para ser la persona que más puede hablar por teléfono de cuantas conozco.

Y por último quisiera expresar mi más profundo agradecimiento:

- A Peter Hawley, por haberme ayudado a comprender el creativo proceso de escribir.
- A mi familia y amigos (ya sabéis quiénes sois), por el amor, la paciencia y los ánimos que me habéis dado.
- A Fred Alan Wolf, por los útiles comentarios que me ha ofrecido.

- A Mark Combs, de Clarins.
- A Nigel Tufnel, por hacer que «se oyera más».
- Y a todo cuanto existe en el mundo.

Notas

CAPÍTULO 1: EL CAMPO CUÁNTICO

1. Fred Alan Wolf, *Taking the Quantum Leap: The New Physics for Nonscientist*, ed. rev., Harper Perennial, Nueva York, 1989, pág. 128.

2. Lynne McTaggart, *The Field: The Quest for the Secret Force in the Universe*, HarperCollins, Nueva York, 2002, pág. XV. [Hay traducción al castellano: *El campo: en busca de la fuerza secreta que mueve el universo*, Sirio, Málaga, 2006, pág. 20.]

3. Masaru Emoto, *The Hidden Messages in Water*, Hillsboro, Beyond Words Publishing, Oregón, 2004. [Hay traducción al castellano: *Mensajes del agua: la belleza oculta del agua*, La Liebre de Marzo, Barcelona, 2003.]

4. David R. Hawkins, *Power vs. Force: The Hidden Determinants of Human Behavior*, Hay House, Carlsbad, California, 2002, pág. 136.

5. Ibíd., pág. 196.

6. Ibíd., pág. 196.

7. Ibíd., pág. 133.

CAPÍTULO 3: AGRADABLES RUTINAS

1. Anaïs Nin, http://www.brainyquote.com/quotes/authors/anais_nin.html.

2. Gay y Kathlyn Hendricks, *Conscious Loving: The Journey to Co-Commitment*, Bantam, Nueva York, 1990, pág. 125. [Hay traducción al castellano: *El camino del corazón consciente: una nueva visión del amor y el compromiso*, Obelisco, Barcelona, 2000, pág. 133.]

CAPÍTULO 4: DARLE VUELTAS A UN ASUNTO

1. Candace B. Pert, *Molecules of Emotion: The Science behind Mind-Body Medicine*, Scribner, Nueva York, 1999, pág. 18.

2. Wendell Berry, «The Peace of Wild Things», de *Collected Poems, 1957-1982*, North Point Press, San Francisco, 1985, pág. 69.

CAPÍTULO 7: NO JUZGUES

1. Doctora Marilyn L. Kourilsky, citado en Lance A. K. Secretan, *Reclaiming Higher Ground: Creating Organizations that Inspire the Soul*, autoedición, 1997, pág. 50.

CAPÍTULO 12: CREE

1. Erin Caldwell, procedente de *Weeds, Wildflowers and Wonder*, obra inédita.

2. Hawkins, *Power vs. Force*, ob. cit., pág. 127.

Sobre la autora

Brenda Anderson es vicepresidenta para el desarrollo empresarial internacional de SmithBucklin, la sociedad para la dirección empresarial más grande del mundo. También es consejera delegada de la Society of Incentive and Travel Executives (SITE), una organización internacional cuyos miembros proceden de ochenta y dos países. Tiene un máster en Artes Liberales concedido por la Universidad de Chicago, y ha recibido el título de profesora honoraria por la Universidad Normal de Shanghai. Brenda se asoció con Quantum Ties Inc., una compañía de asesoramiento que trabaja en el Campo cada día para sus clientes. Imparte conferencias en todo el mundo y vive en Chicago.